我们关于
外间世界的知识

Our Knowledge of the External World

【英】伯特兰·罗素　著 Bertrand Russell
陈启伟　译

上海译文出版社

译 者 序

《我们关于外间世界的知识》是现代著名英国哲学家伯特兰·罗素（1872—1970）的一部名著，也是早期分析哲学运动的一部经典之作。

此书原系罗素为哈佛大学洛威尔讲座所写的讲稿。罗素早在1911年5月就接到哈佛大学哲学系主任培里的邀请，但迟至1912年11月，才同意于1914年春季赴美讲学3个月。他的讲学计划是：1. 为哈佛哲学系本科生和研究生开设一门“逻辑和认识论”的课程；2. 为洛威尔讲座作一系列讲演，题目是“我们关于外间世界的知识”。他为前一课程准备的讲稿实际上是一部长达数百页的专讲认识论的巨著，于1913年5月初开始撰写，到6月初除个别章节外，全书已接近完成。但是由于维特根斯坦看到手稿后提出许多尖锐的批评，罗素陷入困惑，写作乃戛然而止，遂使此书终成未竟之稿，而且在其生前从未发表，因此鲜为世人所知。[①] 至于洛威尔讲座的讲稿，罗素是在6月中旬认识论书稿停止写作以后开始构思，而在9月下旬写成初稿的。1914年1月底到3月初，罗素曾把这份讲稿的内容在剑桥三一学院每周讲演一次。3月7日罗素赴美，3月中旬抵达哈佛，洛威尔讲座从3月16日开始，每周两次，至4月中旬结束。由于罗素在1月底即已将洛威尔讲座的书稿改定，送到了欧彭·考特出版公司，因此《我们关于外间世界的知识》一书就在当年8月问世了。

罗素在《我们关于外间世界的知识》一书的前言中说，他在哈佛所作的这些讲演，是试图通过一些例子来说明“哲学上逻辑分析方法的性质、能力和限度”。罗素认为，逻辑分析是哲学上惟一科学的方法，体现着一种新的哲学的本质特征，但是真正相信这种新的哲学及其方法者当时还为数不多，而要使人们能接受这种方法，则非将其解决某些哲学问题的结果展示给人们不可，“因为只有在其应用中才能理解一种方法的意义或重要性”[②]。罗素在洛威尔讲演中运用逻辑分析方法加以讨论

① 罗素的这部书稿近年已被发现，1984年由乔治·艾伦-昂温出版社作为《罗素论文集》第7卷出版，书名即为《认识论：1913年手稿》。据当时哈佛大学学生的听课笔记可知，罗素这部书稿的相当大部分确在哈佛讲过；书稿中有几章曾在1914至1915年《一元论者》杂志上发表。

② 罗素：《论哲学中的科学方法》(1914)，载《罗素论文集》第8卷，乔治·艾伦-昂温出版社1986年版，第66页。

和解决的主要问题是关于外间世界的知识问题。他说这是“最古老的哲学问题之一”，而逻辑分析方法则给予这个问题“全新的阐明”。根据这种分析，关于外间世界的知识问题实际上是“感觉材料”同物质、时空的关系问题，即如何把物质、时空及其连续性、无限性、因果性等概念还原到“感觉材料”而又从感觉材料把它们构造出来。因此，罗素在前言中又说：“我要借以说明方法的中心问题是粗糙的感觉材料与数学物理学的空间、时间、物质之间的关系问题。”

洛威尔讲演共有八讲，前两讲对当代各派哲学的对立、罗素新哲学的本质和方法作了精要的一般论述，其余六讲都是围绕关于外间世界的知识的各种问题所作的逻辑分析。由此我们也可理解罗素为何将洛威尔讲演一书的全名题为：《我们关于外间世界的知识——哲学上科学方法应用的一个领域》。

罗素在 1914 至 1915 年曾围绕逻辑分析方法和关于外间世界的知识这同一主题发表过若干论文，如“神秘主义和逻辑”“论哲学中的科学方法”“物质的终极成分”“感觉材料与物理学的关系”等，读者可参照阅读。1918 年罗素在伦敦的讲演“逻辑原子论哲学”是他这一时期思想的最成熟的表达，洛威尔讲演中的某些观点在这里有更细密的论述，自然也是研究《我们关于外间世界的知识》一书时所必读的。

《我们关于外间世界的知识》一书在 20 年代就已介绍到中

国，有一个译本，名为《哲学中的科学方法》，为共学社出版的“罗素丛书”之一。译者王星拱先生是我国早期研究罗素哲学的学者，其译文虽尚可读，但术语、译名已经陈旧。为满足学术界研究罗素哲学的需要，本人乃不揣固陋，将此书重新译出，以飨读者。

陈启伟

目 录

001 序

001 第一讲 当前的倾向
029 第二讲 逻辑是哲学的本质
057 第三讲 论我们关于外间世界的知识
093 第四讲 物理学世界和感官世界
120 第五讲 连续性理论
144 第六讲 无限性问题之历史的考察
173 第七讲 积极的无限性理论
196 第八讲 论原因概念及其在自由意志问题上的应用

序

下面这些讲演[1]试图借助一些例证来说明哲学中逻辑分析方法的性质、能力和限度。这种方法在弗雷格的著作中可找到其最早的完满的范例，在实际研究的过程中，我愈来愈相信它是一种非常明确，可以一些原理来表达，而且在哲学的一切部门中都足以提供可能获得的任何客观的科学知识的方法。迄今人们采用过的方法大多自许可以带来比逻辑分析所能达到的更为雄心勃勃的结果，但遗憾的是，很多有才能的哲学家总认为这些结果是不能承认的。以往那些伟大的哲学体系，如果仅仅被看作假说和想象的辅助物，那么是很有用的，而且很值得研究。但是哲学要成为一门科学，要想得到一些结果而且不依赖

① 1914 年 3 月和 4 月在波士顿作为洛威尔讲演发表。

于鼓吹这些结果的哲学家的性情爱好，那么我们就需要某种不同于那些伟大体系的东西。在下面的演讲中我力图指出（尽管很不充分）我自信通过它可以找到这个迫切需要的东西的途径。

我想用来说明方法的中心问题是关于未加工的感觉材料与数学物理的空间、时间、物质的关系问题。使我认识到这个问题重要性的是我的朋友和合作者怀特海博士，我在本书中所主张的观点与在《哲学问题》[①] 中提出的观点不同，这些差别几乎全都来自他。关于点的定义，关于处理瞬间和"事物"的提示，以及把物理学的世界看作是一个构造而不是一个推论的整个概念，都是我从他那里得来的。此处关于这些题目所谈的东西，事实上就是他在《数学原理》[②] 第 4 卷中做出的更精确结果的一个大略的初步的解说。我们将会看到，如果他讨论这些问题的方法能够成功地得到贯彻，那么就会给由来已久的实在论者和唯心论者的争论以一种全新的阐明，并得到一种解决他们的问题中一切可解决的东西的方法。

以往关于物理学世界的实在或非实在的思辨，从一开始就因为缺乏一种关于数学的无限的良好理论而使人困惑难解。康托尔的工作把这个困难消除了。但是借助于以作为材料的可感

① 在伦敦和纽约出版，1912 年（"家庭大学丛书"）。

②《数学原理》，第 1 卷 1910 年在剑桥出版，第 2 卷 1912 年出版，第 3 卷 1913 年出版。

对象为根据的数学构造对这个问题作积极详细的解决，则只有通过数理逻辑的发展才成为可能，没有数理逻辑，要巧妙地处理那些少不了带有抽象性和复杂性的观念，实际上是不可能的。这个方面在诸如以下讲演所包含的仅为通俗的概要中是不太清楚的，一俟怀特海博士的著作发表之后这一点就会变得明白了。在这些讲演中将极其简略地加以讨论的纯粹逻辑方面，我曾受惠于我的朋友路德维希·维特根斯坦先生尚未发表的一些非常重要的发现。

我的目的是要说明方法，所以就把许多试验性的不完善的东西也包括进来了，因为只靠研究现成的结构是不可能学会构造方法的。除了诸如康托尔无限性理论之类的东西外，对于所提出的其他理论都不要求其已达到止矣尽矣的地步；但是我相信，在它们被指出需要修改的地方，这种修改实质上还是要用现在使它们似乎可信的同样的方法来发现，因此，我要求读者对它们的不完善性持宽容的态度。

1914 年 6 月于剑桥

第一讲　当前的倾向

从最早的时候起，哲学一直比其他各门学问提出的要求多，而获得的成果少。远自泰勒斯认为万物皆水以来，哲学家们随时都准备好对事物的总和做出能言善辩的论断；而自从泰勒斯受到阿那克西曼德的反驳以来，其他哲学家们又曾提出同样能言善辩的否定。我相信，结束这种无法令人满意的状态的时候已经到了。在下面的讲演中，我将主要以某些特殊的问题为例尽力指出，哲学家们的要求在什么地方是过分的，以及他们为什么一直没有取得较大的成就。我认为，所有的哲学派别对于哲学的问题和方法的看法都是错误的，许多传统的问题是我们的知识手段所不能解决的，而另一些常被忽视但并非不重要的问题，用一种更具韧性和更为适当的方法，则可能以最先进科学已达到的那种精确可靠性来加以解决。

我们可将今日哲学分为三种主要的类型，这三种类型常常以不同的比例兼备于一个哲学家，但是这个哲学家还是有其独特的本质和倾向的。第一种类型，我称之为古典的传统，主要是承袭康德和黑格尔的；这种类型企图用柏拉图以来那些建设性的大哲学家的方法和结果去适应现代的需要。第二种类型可称为进化论，其优势来自达尔文，而且必须把斯宾塞算作它的第一个哲学上的代表；但是近来主要是通过詹姆斯和柏格森，比起在斯宾塞手中它已变得更勇于探索革新了。第三种类型，由于缺乏更好的名称，可称为“逻辑原子论”，通过对数学的批判地考察，它已逐渐潜入哲学了。这种类型的哲学就是我所要提倡的哲学，现在还没有很多全心全意的信奉者，不过肇始于哈佛的“新实在论”则大大浸透了这种精神。我认为，它代表着类似伽利略带给物理学的那样一种进步：用零碎的，详细的和可证实的结果去代替仅靠想象引荐的大量未经检验的概括。但是我们必须首先对与这种新哲学开展激烈争论的其他两种类型的哲学做一番简略的考察和批判，才能理解这种新哲学所主张的那些变革。

一、古典的传统

20 年前，古典的传统压倒了与之对立的英国经验论派的传统，几乎在盎格鲁-撒克逊的一切大学中都掌握了毋庸置疑的统治权。今天它虽正在衰落下去，但是仍为许多最著名的学者所坚持。在法国学术界，尽管有柏格森，但是古典传统的势力比所有反对它的派别加在一起还要强得多；在德国它也有很多有力的拥护者。然而，整个说来，它是代表一种衰退着的力量，它已不能适应时代的趋势。它的拥护者主要是那些在哲学之外还具有文学知识的人，而不是曾经受过科学鼓舞的人。除了推理的论证之外，还有某些一般理智的力量反对它，这就是正在打倒其他昔日伟大综合的那同一些力量，这些力量使我们的时代成了一个艰难探索的时代，在我们的祖先曾经确信无疑地走过的地方进行探索的时代。

古典的传统发展的最初动力是希腊哲学家对理性万能的朴素信念。几何学的发现曾使他们陶醉，几何学的先天演绎方法似乎是可以普遍应用的。例如，他们想要证明：全部实在是一，没有变这样的东西，感官世界是纯粹虚幻的世界；其所得结论之稀奇古怪并不使他们感到不安，因为他们相信自己的推理是正确的。于是人们就认为，靠纯粹思维就能以任何相反的观察都无法动摇的确实性建立关于整个实在的最惊人最重要的真理。当古代哲学家的这种充满活力的动力渐渐消逝的时候，在中世纪并且几乎直至今日就由为系统神学所强化的权威和传统取代了它的地位。近代哲学自笛卡儿起虽已不受中世纪那样的权威的束缚，但仍然或多或少无批判地接受亚里士多德逻辑。而且，除了在英国之外，近代哲学仍然相信先天的推理能够揭示别的方法所不能发现的宇宙的奥秘，并能证明实在完全不同于它显现给直接观察的那种样子。我认为，正是这个信念而非由此得出的任何特殊的信条才是古典传统的特征，而且至今是哲学中科学态度的主要障碍。

我们以一位古典传统的代表者为例可以更清楚地说明这种哲学的性质。为此我们用一点时间来考察一下布拉德莱先生的学说，他大概是这一派最著名的还在世的代表。布拉德莱先生的《现象与实在》一书由两个部分组成，第一部分叫做现象，第二部分叫做实在。第一部分考察并否弃了构成日常世界的一切：事物和性质，关系，空间和时间，变化，因果性，能动性，自我。所有这些虽然在某种意义上都是给实在以规定的事实，但并不是像它们表面上看来那样实在的东西。实在的东西是被称为绝对的一个单一的、不可分的、无时间的整体；绝对在某种意义上是精神的，但是它又不是由灵魂或由如我们所知的思想和意志所构成的。这一切都是由抽象的逻辑推理所证明的，它宣称在被斥为纯粹现象的那些范畴中发现了自相矛盾，并宣称没有任何站得住脚的东西可以代替最后被肯定为实在的那种绝对。

一个简短的例子足以说明布拉德莱先生的方法。世界似乎充满了许多的事物，这些事物彼此有各种不同的关系：左右，前后，父子，等等。但是，照布拉德莱先生看来，经过考察，关系被发现是自相矛盾的，因而是不可能的。他首先论证说，如果存在关系，那么必然存在具有这种关系的性质。对他的论证的这个部分，我们无需耽搁时间。然后他继续说：

“但是另一方面，关系如何能与性质相关，是不可理解的。如果关系与性质无关，那么这些性质就是没有任何关联的；如果这样，那么就如我们已看到的，这些性质就不复是性质，而它们的关系则成为一个虚无。但是，如果关系与性质有关，那么显然我们将需要一个把它们联系起来的新的关系。因为关系不大可能仅仅是它的一个项或两个项的形容词；否则，如果关系是关系项的形容词，那么这至少似乎是经不住批驳的。关系自身既然也是某种东西，如果它不是本身与关系项有关系，那么它又以什么可理解的方式与关系项相关呢？但是在这里我们又被推入了一个毫无希望的过程的旋涡，因为我们不得不无止境地去继续寻找新的关系。链环是由链环来联结的，这个联结的纽带，也是一个具有两端的链环，而其每端又各需一个新的链环把它们与旧的链环联结起来。这个问题是要找出关系如何可能与性质有关，但这是不可解决的问题。”①

我不打算详细考察这种论证，也不打算指出在我看来其为谬误之确切所在。我只是把它作为一种方法的例子来引证。我想，大多数人都会承认，这种论证适于制造困惑，而不能产生信念，因为在极其微妙、抽象和困难的论证中较之在世界上事物间有相互关系这样明白的事实人们是更易出错的。对于实际

① 《现象与实在》，第 32—33 页。

只知几何学一门科学的古希腊人来说，即使在推理引出了最奇怪的结论时，他们也能够无异议地遵从这种推理。但是，我们有实验和观察的方法，知道被经验科学驳斥了的那些先天谬误的长久的历史，因而对于其结论与明显事实相矛盾的任何演绎，自然会怀疑其中有错误。这种怀疑很容易走得太远，如果可能的话，最理想的是在错误存在时就能实际发现错误的确切性质。但是毫无疑问，我们可称为经验世界观的东西已经变成了最有教养的人们的心理习惯的一部分；正是这种经验的世界观而非任何确定的论证已经削弱了古典传统对哲学研究者和一般有教养公众的束缚。

逻辑在哲学上的功用，如我在后面将努力指出的，是最重要的。但是我并不认为逻辑的功用就是它在古典传统中所具有的那种功用。在古典传统中，逻辑是通过否定而成为构成性的。在初看似有许多同样可能的选择之处，逻辑必须仅取其一而否弃其余，而被选取的这一个则被宣布为已在现实世界中实现了的。于是世界仅由逻辑而无需诉诸具体经验就被构成了。在我看来，逻辑的真正功用恰恰与此相反。就其应用于经验事实而言，逻辑是分析的而非构成的；从先天来说，它经常更多指出的是从未想到的一些选择的可能性，而不是乍看似乎可能的那种选择的不可能性。因此，逻辑一方面使想象可以自由设想世界可能是什么，另一方面又拒绝对世界是什么做出立法的规定。这个由逻辑内部的革命所带来的变化已经把传统形而上学的野心勃勃的构造扫荡殆尽了，即使那些最崇信逻辑的人也已失掉这种野心了，而对于视逻辑为妄想的许多人来说，由逻辑引起的那些荒谬悖理的体系则似乎甚至是不值一驳的。这样，这些体系在各个方面都已失掉了吸引力，甚至在哲学界也愈来愈被置之不理了。

我们可以提一提这个学派的一两个得意的学说来说明其要求的性质。它告诉我们，宇宙像一个动物或一件完美的艺术品，乃是一个“有机的统一”。大致说来，它的意思是：各个不同的部分互相适应，共同协作，而且由于它们在整体中的地位才成其为它们这样的东西。这个信念有时是独断地提出来的，有时则有一些逻辑的论证为之辩护。如果它是真的，那么宇宙的每个部分都是一个小宇宙，都是全体的一个缩影。按照这个学说，如果我们完全地认识了自己，我们就会认识一切。当然，常识会反驳它说，例如有中国人，我们与他们的关系如此间接而不足道，因而我们不可能从有关我们自己的任何事实推知关于他们的任何重要的东西。如果在火星上或宇宙的更为遥远的部分也有生物，那么这个论证就会变得更加有力。进而言之，我们生存于其间的这个时空的全部内容也许只是许多宇宙中的一个，每个宇宙就其自己来说都似乎是完满的。因此，关于万有之必然统一的概念终究只是一种贫乏的想象，而一种更自由的逻辑则把我们从唯心论用以假充存在总体的那个捆得紧紧的慈善机构中解放出来。

另一个非常重要的学说，虽然不是这一派全体都相信，却是大多数人所主张的，这就是认为一切实在都是所谓“心理的”或“精神的”东西，或者说，一切实在的存在都依赖于心理的东西的学说。这种观点常常表现为下面这种特殊的形式，即断言能知和所知的关系是根本的，除了能知者和被知者，是不可能有任何东西存在的。这里他们又把同样的立法的功能归诸先天的论证。他们认为，未知的实在包含矛盾。如果我没有弄错的话，那么这个论证又是错误的，一种更好的逻辑会指出，给未知的东西的范围和性质划出界限是不可能的。当我谈到未知的东西时，我并非仅指我个人所不知的东西，而是指任何心灵都不知的东西。这里也像别处一样，旧逻辑把想象力囚禁在熟悉的东西的院墙之内，而把许多可能性都拒之门外。新逻辑则宁可指出何物可能发生，而不肯断定何物必然发生。

哲学中古典的传统是希腊对理性的信念和中世纪对宇宙之整齐划一的信念这两个很不同的父母所生的迄今犹存的最后一个产儿。经院学者生活在战争、屠杀和瘟疫之中，对他们来说，没有比安全和秩序更令人快慰的了。在他们理想的梦中，他们寻求的就是安全和秩序。无论托马斯·阿奎那还是但丁的宇宙都是像荷兰人的内室一样狭小而整洁。对我们来说，安全已经变成单调无聊了，人性的原始的蛮勇精神已成遥远的过去，现在不过是加在我们家常便饭上的一点激起快感的佐料而已，我们梦想的世界和处于归尔甫派和吉伯林派[①]战乱中的人们梦想的世界是大不相同的。因此詹姆斯反对他所谓古典传统的"整块宇宙"；因此尼采崇拜力；因此很多温和的文学家乃有嗜血杀人的言辞。人性的野蛮基质不满足于行动，还要在想像中寻找一个宣泄之处。在哲学中，也像在别处一样，这种倾向是明显可见的；正是这种倾向，而不是形式的论证，把古典的传统推到了一边，而代之以一种自以为更有力、更富生气的哲学。

二、进化论

这样或那样形式的进化论是我们这个时代流行的信条。它支配着我们的政治，我们的文学，同样支配着我们的哲学。尼采，实用主义，柏格森是进化论哲学发展的几个形态，他们之普及于职业哲学家的圈外，表明进化论是合乎时代精神的。它自信是建立在科学的坚实基础上的，是希望的解放者，是激发对人的力量的信念的鼓舞者，是抗御希腊人的论辩权威和中世纪体系的独断权威的可靠方法。要反对如此时髦，如此为人们欣然赞同的一个信条似乎是无用的；何况每个现代人都必然会深切地同情它的精神。但是，我认为，人们陶醉于进化论的迅

① 中世纪意大利的两个对立的党派。归尔甫派支持教皇，反对神圣罗马帝国皇帝的权力。吉伯林派则反对教皇，支持神圣罗马帝国皇帝在意大利的权威。——译注

速成功，却忘记了对于真正理解宇宙至关重要的很多东西。要使这种新精神能够从青年的热情成长为成人的智慧，先须把古希腊文化的某种东西与之结合起来。现在是时候了，我们应当记得，生物学既不是惟一的科学，也不是所有其他科学必须遵循的典范。正如我将竭力指出的，无论在方法上还是在考察的问题上，进化论并不是一种真正科学的哲学。真正科学的哲学是某种更艰难、更超脱、更少诉之于世俗的期望，为了付诸成功的实践需要更严格的训练的东西。

达尔文的《物种起源》使人们相信，动物与植物之间不同的种的差异并不像表面看来那样固定不变。自然种类的学说曾使生物分类变得容易而确定，被放在亚里士多德传统的神殿内受人祀奉，并因其被假定为正统教条所必需而得到保护，但是，进化论把这个学说从生物界一下子永远扫除掉了。对我们人类的自大感来说，在人与低等动物之间存在的那种巨大的差异已被表明是一种逐渐获得的结果，它包含着许多居间的生物，这些居间物我们既不能确定地放在人的族类之内，也不能放在人的族类之外。拉普拉斯已经证明，太阳和行星很可能是从或多或少尚未分化的原始星云而来的。因此旧的固定的界标已经动摇而变得不分明了，一切明确的界线都模糊不清了。事物和种类都失掉了界线，没有人能说明它们在哪儿开始，在哪儿结束。

但是，如果人类的自大感曾一度为人猿同宗所震动，那么它很快就找到了重新肯定自己的途径，这个途径就是进化的“哲学”。在哲学家们看来，从阿米巴（变形虫）到人的过程显然是一个进步的过程，虽然阿米巴是否同意这个看法，我们是不知道的。科学已然表明这种变化的轮转大概就是已往的历史，因此它受到人们的欢迎，被认为揭示了宇宙向善发展的规律，这个发展就是一个理想慢慢地使自己化为现实的进化或展开的过程。这样一种观点虽然可以满足斯宾塞和那些可称为黑格尔派进化论者的人们，但是更全心全意地崇拜变化的人们却不能承认它是充分的。在这些人看来，世界不断向之趋近的一个理想是过于呆滞、过于静态而不足以激人奋发的。不但期望而且理想也必须随着进化的过程而变化发展；固定的目标是决然没有的，有的只是冲动对新的需求之不断地塑造，这种冲动即是生命，惟有这种冲动能给这个过程以统一。

自 17 世纪以来，被詹姆斯叫做“软心肠者”的那些人一直在同似乎由物理学强加于人的那种机械的自然观进行殊死的斗争。古典的传统具有之吸引力大半是由于它部分地摆脱了物理学提供的机械论。但现在由于生物学的影响，“软心肠者”认为，有可能更彻底地摆脱机械论，不仅扫除物理学规律，而且扫除似乎不可更易的全部逻辑工具及其固定的概念、一般的原则和似乎能迫使人们纵然极不情愿也不得不赞同的那些推论。因此，那种认为目的是一个已经部分可见而我们正渐渐向它趋近的目标的旧式目的论，就被柏格森抛弃了，他认为这种目的论没有充分承认变化的绝对统治。他在说明了自己何以不接受机械论之后继续说道：

“但是彻底的目的论由于同样的理由也是很不可取的。极端形式的目的论学说，如我们在莱布尼茨那里所看到的，意味着事物和生物只是实现一个预先安排的计划。但是如果宇宙间没有不被预见之物，没有发明或创造，那么时间也就是无用的了。正如机械论的假设一样，这里也是假设了一切都是既定的。这样理解的目的论不过是倒过来的机械论罢了。它来自同一个假定，只是有一点不同，即在我们有限理智随着接连相继的事物（它们的连续性被归结为纯粹的现象）而运动时，它把被宣称为我们向导的灯光放在我们之前，而不是放在我们之后。它用未来的引力代替了过去的驱使。但是连续性仍然是一种纯粹的现象，正如运动本身之为现象一样。在莱布尼茨学说中，时间被归结为一种相对于人的观点的混乱的知觉，对于一个处于事物中心的心灵来说，这种知觉会像一层刚起的雾一样消逝。

“然而目的论与机械论不同，它不是一个带有固定界限的学说。它容许随意曲折变化。我们必须采纳或者抛弃机械论哲学。如果机械论认为，一粒微尘由于偏离了力学预见的轨道，就会表现出一点点自动的迹象，那么我们就必须抛弃机械论。反之，对目的因的学说则绝不能断然地予以否定。如果抛弃了它的一种形式，它会采取另一种形式。它的原则本质上是心理的，是非常灵活的。它扩展如此之广，因而囊括如此之多，以致人们一旦抛弃了纯粹机械论，立刻就会接受目的论的某种东西。因此我们在本书中所要提出的理论将必然在某种程度上带有目的论的特征。”①

柏格森式的目的论依赖于他的生命概念。在他的哲学中，生命是一个连续的流，在这个连续的流中一切都是人为的、不真实的。各自独立的事物，开端和终结，都只是方便的虚构，存在的惟有那平静的、不间断的转化。今日的信念如能带着我们随生命之流而进，它们在今日就可算作真的；但是明天它们将成为假的，必须代之以新的信念去适应新的情况。我们的全部思想就是由方便的虚构、生命之流的幻想的结晶组成的。尽管有我们的一切虚构，实在仍流动向前，我们虽可寓于其中，却不能在思想中想象它。柏格森虽无明白的申言，但不知怎么的却暗暗下了一个保证：我们虽不能预见未来，但未来将比过去和现在更好。读者就像那个等着吃糖的孩子，因为人们已经告诉他要张开嘴，闭上眼，才有糖吃。在这种哲学中，逻辑、数学、物理学都消失了，因为它们太“静态”了；实在的东西是趋向目标的一种冲动和运动，这个目标像虹一样，我进则彼退，而且当我们达到每个地点时，所看到的都不同于我们在远处之所见。

---

①《创造进化论》，英译本，第 41 页。

现在我不打算对这种哲学做专门的考察，而只想对它提出两点批判：第一，从科学已使有关进化的事实成为似乎可信的东西并不能推出这种哲学是真的；第二，激发这种哲学的动机和兴趣是完全实际的，它所讨论的问题是很专门的，因而很难说它确实触及了在我看来构成真正哲学的任何一个问题。

（1）生物学已使其成为似乎可信的东西是：不同的种是由于适应环境而从一个未甚分化的祖先产生出来的。这个事实本身是极其有趣的，但是它并不是可由之得出哲学结论的那类事实。哲学是概括的，它对一切存在的东西都抱着一种不偏不倚的兴趣。地球表面物质的细微部分所遭受的变化，对我们作为能活动的有感觉的生物来说是异常重要的，但是对我们作为哲学家来说，这些变化并不比别处物质部分发生的其他变化更为重要。如果从我们现在的伦理观念来看，地球表面在过去几百万年中所经历的变化具有进步的性质，那么也不能根据这一点认为进步是宇宙的普遍规律。除非受欲望的影响，任何人片刻都不会承认从如此有限选择的事实中得出的一个如此粗率的概括。不是仅由生物学，而是由研究存在物的各门科学，确实得出的结论是：不了解变化和连续性，就不可能了解世界。这一点，在物理学中甚至比在生物学中更为明显。但是，关于变化和连续性的分析问题，无论物理学还是生物学都丝毫无助于对它的说明。这是一类新的问题，属于另一类研究领域。因此，关于进化论对这个问题提出的答复是真是假的问题，并不是援引如生物学和物理学揭示的特殊事实所能解决的。对这个问题独断地提出某种回答，进化论就不复是科学的理论了，然而只有触及这个问题时，进化论才达到了哲学的课题。因此进化论是由两个部分构成的：一个部分不是哲学的，而只是以后会由专门科学证实或驳倒的那类草率的概括；另一部分不是科学的，而只是一种未经证实的教条，就其题材说属于哲学，但绝不可能从进化论所依据的事实推论出来。

(2) 进化论的主要兴趣在于人类的命运问题，至少是关于生命的命运问题。它的兴趣更多的是在道德和幸福，而不在知识本身。应当承认，对其他许多哲学也可以这样说，想求取哲学真正能够提供的那类知识的欲望是极罕见的。但是如果哲学要成为科学的（我们的目的就是去发现如何能达到这一点），那么首要的就是哲学家应当具备真正科学家所特有的那种不计功利的理智的好奇心。关于未来的知识是必须寻求的一种知识，如果我们想要知道人类的命运的话，但是这种知识只在某些狭小的限度内才是可能的。要预言随着科学的进步这些界限会扩大多少，是不可能的。不过，显而易见，任何关于未来的命题就其题材说都属于某一门特殊科学，而且如果能探知的话，也是用那门科学的方法探知的。哲学并不是达到如其他科学所得的那类结果的一种捷径。哲学要成为一门真正的学问，就必须有它自己的领域，而且旨在得到其他科学既不能证明亦不能反驳的结果。

如果有哲学这样一门学问的话，那么它必须是由其他科学不可能含有的命题构成的。这个考虑具有极其深远的后果。一切所谓与人类利益有关的问题，例如关于来世的问题，至少在理论上都属于专门科学，而且至少在理论上可由经验证据来判定。以往哲学家们过分经常地让自己去对经验的问题做出断定，结果发现自己与充分证明了的事实发生严重的冲突。因此，我们必须放弃哲学可满足我们世俗欲求的希望。当哲学扫净了一切实用的污浊时，它所能做的就是帮助我们去了解世界的普遍情景和对熟悉然而复杂的事物的逻辑分析。哲学取得了这种成就，提出一些有益的假设，从而也可以间接地有用于其他科学，特别是数学、物理学和心理学。但是一种真正的科学的哲学，除了诉之于那些希望理解，希望摆脱精神困惑的人们之外，是不可能指望向任何人求助的。它在自己的范围内提供给人们其他科学所提供的那种满足。但是它并不对人类命运或宇宙命运的问题提供或试图提供一个解决。

如果上面所说是对的，那么，进化论就必须看作是从某些相当专门的事实得出的一个仓促的概括，再加上对一切分析尝试的独断否定，而且它是受实际的而非理论的兴趣驱使的。因此，尽管它援引各门科学的具体成果，也不能把它看作是比它所取代的古典传统真正更科学的哲学。如何使哲学成为科学的，什么是哲学的真正课题，我在下面试图先以某些已经取得的成果为例，然后再更加概括地加以说明。我们将首先讨论关于空间、时间和物质的物理概念问题，如前所见，这些概念由于进化论者的争论而受到了挑战。这些概念亟须改造，这一点将被人们所承认，而且实际上物理学家们自己也已日益迫切地主张这一点。人们也将承认，这个改造必须对变化和普遍之流作更多的说明，比旧力学用物质不变的基本概念所做的解释更详细的说明。但是，我并不认为，所需要的这个改造是按照柏格森的路线进行的，我也不认为，柏格森对逻辑的否弃除了造成危害还能带来任何别的东西。然而，我不拟采取公开争论的方法，而宁愿使用独立探讨的方法，从在前哲学阶段显现为事实的东西出发，并在前后一贯的要求容许的条件下，经常同这些原始材料保持密切的联系。

由于从来没有两个哲学家互相理解，公开争论在哲学中几乎永远是徒劳无益的。尽管如此，在开头谈一谈科学态度反对神秘态度的理由似乎是必要的。形而上学从最初就是由这两种态度的结合或冲突发展起来的。在最早的希腊哲学家中间，伊奥尼亚派是偏重科学的，而西西里派则是偏于神秘的。[①] 但是在西西里派中，例如毕达哥拉斯却是这两种倾向的一个奇异的混合：科学的态度使他提出了关于直角三角形的定理，而神秘的洞见则告诉他吃豆子是不道德的。很自然地，他的弟子分成了两派：喜爱直角三角形的一派和害怕吃豆子的一派；前面这

① 参见伯内特，《早期希腊哲学》，第 85 页以下。

一派灭绝了，然而给许多希腊的数学思辨，特别是柏拉图的数学观上留下了一股去不掉的神秘主义气味。当然，柏拉图较之他的前辈又以更高的形式兼具科学态度和神秘态度于一身，不过二者中神秘态度显然更占上风，在二者矛盾尖锐之际可稳操胜券。此外，柏拉图又从爱利亚派采取了用逻辑去否定常识，从而为神秘主义留下地盘的方法，这种方法在今天还被古典传统的信徒们使用着。

神秘主义用以为自己辩护的逻辑，在我看来是一种谬误的逻辑，在后面的讲演中我将根据这一点来批判它。但是更彻底的神秘主义者不使用他们所蔑视的逻辑，而是直接诉诸神秘洞见当下的宣示。充分发挥的神秘主义在现代西方虽已少见，但是许多人的思想还带有这种色彩，尤其是在他们无根据而深信的事情上。在所有那些热衷追求瞬变难得之物的人们中都有一种不可抗御的信念，即认为世界上除了科学所记录所分类的大量零碎细微的事实之外，还有某种更深刻、更有意义的东西。他们觉得，在这些世俗的东西的幕后有某种完全不同的东西在隐隐发光，而在人得到启示的俄顷此物则明白闪耀而现，只有这种启示才给人以值得称为真理的实在的知识。因此在他们看来，达致智慧之径就在于寻求这样启示的俄顷，而不是如科学家那样，去冷静地观察，不带情感地分析，并毫无疑问地承认琐细的和重要的事物具有同等的实在性。

关于神秘主义者的世界之为实在抑或非实在，我是毫无所知的。我丝毫不想去否定它，甚至也不想说，向人们启示了这个神秘主义世界的洞见不是一种真正的洞见。我想要坚持的（在这里科学态度成了至上命令）乃是：未经检验和证明的洞见不足以为真理的保证，尽管很多最重要的真理最初是由洞见提示的。谈论本能和理性的对立，是很寻常的。在18世纪，人们提出这个对立而支持理性。但是由于卢梭和浪漫主义运动的影响，本能又受到人们的偏爱，首先是那些反抗人为的政府和思想形式的人，后来当传统神学的纯理性主义辩护愈难支持之际，又有一些感觉到科学威胁了他们的信条的人，把这些信条同关于生命和世界的一种超凡入圣的识见联系起来。柏格森以“直觉”之名把本能提高到形而上学真理的惟一裁判者的地位。但事实上本能与理性的对立大都是虚幻的。本能、直觉或洞见是最先使人产生信念的，随后理性才确证或驳斥这个信念；但是，在可能做出确证的地方，确证归根到底就是与其他同样本能的信念相一致的。理性是一种调谐的监督的力量，而不是创造的力量。即使在最纯粹的逻辑领域内，得到新东西的首先也是洞见。

本能和理性有时确乎发生冲突之处是在单独的信念方面，如果人们本能地坚持一个信念，而且如此坚决，以致无论它与其他信念如何不一致，也不能使人们抛弃那个信念。本能，像人的一切能力一样，是容易发生谬误的。理性薄弱的人对于他们自己常常不乐意承认这一点，但是对于别人则人人都乐于承认它。本能最不易发生错误的地方是在实际事务方面，对它们的正确判断有助于人类的生存；例如，对于他人的友谊和敌意，人们常常可以透过其小心谨慎的伪装而异常敏锐地感觉出来。但是即使在这样的事情上，也可能因为他人的城府很深或拍马有术而给人以错误的印象；在诸如哲学所讨论的那种并非直接实际的事情上，非常强烈的本能信念则可能是完全错误的，它们与其他同样强烈的信念之间有明显的矛盾就可使我们知道这一点。这就是必须有理性的调谐仲裁的理由，理性根据我们信念的相互适合来检验它们，并在可疑的情形中，从各个方面考察错误的可能来源。在这里并不是反对整个本能，而只是反对盲目信赖本能的某一有趣的方面而排斥其他更普通但非较不可信的方面。理性所要纠正的是这样的片面性，而不是本能本身。

我们可以把这些多少有点老生常谈的原则应用于柏格森之鼓吹“直觉”反对“理智”，来说明它们。柏格森说，有“两种完全不同的认识事物的方法。第一种方法是要我们绕着对象转；第二种方法则要我们钻进对象去。第一种方法依靠我们所采取的观点和我们用以表达自己的符号。第二种方法既不依靠任何观点，也不依靠任何符号。第一种认识可以说是停留在相对；第二种认识在其可能获得的情形中则可以说是达到了绝对”。[①] 第二种认识方法即是直觉。柏格森说，它是“这样一种

① 《形而上学导论》，英译本，第1页。

理智的共鸣，我们通过这种共鸣而置身于一个对象之内，以便与这个对象所独有因而不可言传的东西相契合”①。他又以自我认识为例说：“至少有一种实在，是我们大家从内部通过直觉而非通过单纯分析把握到的。这就是随时间而流动的我们自己的人格，那个绵延的自我。”② 柏格森哲学的其余部分就是通过语词这种不完善的媒介来传达由直觉获得的知识，并由此而彻底否定一切来自科学和常识的所谓的知识。

这种方法既然在本能和理性的冲突中偏袒本能信念一方，它就需要证明这一方面的信念较之那一方面的信念更为可靠，从而为本能辩护。柏格森试图从两个方面来进行辩护。首先，他说明理智是一种纯粹实际的能力，其目的在于使人类能取得生物学上的成功；其次，他提到动物身上的一些惊人的本能的技巧，并指出世界有些特征虽可为直觉所领悟，却使他所说的理智困惑莫解。

柏格森说理智是在生存竞争中发展起来的一种纯粹实际的能力，而不是真信念的来源。对于这个理论，我们可以反驳说，第一，只有通过理智，我们才知道有生存竞争和人类的生物祖先，如果理智是引人致误的，那么这个纯然是被推论出来的全部生物进化史恐怕也是不真实的了。第二，如果我们同意

---

① 《形而上学导论》，英译本，第 6 页。

② 同上书，第 8 页。

柏格森，认为进化是如达尔文所想的那样进行的，那么就不仅理智而且我们的一切能力都是在实际效用的迫使下发展起来的。直觉也是在其直接有用的场合，例如对别人的品格、脾性的认识上，表现得最为明显。柏格森似乎认为，这种认识能力不如纯数学能力那样易于用生存竞争来解释。然而被虚伪的友谊所欺骗的野蛮人很可能要为自己的判断错误而付出生命；但即使在文明最发达的社会中，人们也不会因为缺乏数学能力而被处死。柏格森所举关于动物本能的最显著的一切例子都具有直接的保存生命的价值。当然，事实上，直觉和理智的发展都是因为它们有用，概而言之，当它们提供真理时是有用的，当它们给人以虚妄时则是有害的。在文明人那里，理智也如艺术的才能一样，其发展有时超出了对个人有用的程度；反之，直觉整个说来则似乎随文明的增进而减少。总之，直觉能力在儿童身上大于成人，在未受教育的人身上大于受过教育的人。狗的直觉能力可能超过人身上的任何能力。由这些事实而推重直觉的人们应当回到森林里去狂奔乱跑，用菘蓝染身，靠山果野味充饥才是。

我们再考察一下直觉是否如柏格森所说的那样不可能有错误呢？据他说最好的例子就是我们对自我的亲知；然而一般说来自我认识是少有的、困难的。例如，大多数人本性卑劣、虚荣和嫉妒，虽然他们最要好的朋友能够毫不困难地看出来，可是他们自己却完全意识不到。诚然，直觉具有一种理智所缺乏的令人信服的力量：一旦有了直觉，几乎就不可能去怀疑它的真实性。但是如果经过考察可以看到直觉也如理智一样易生错误，那么它那主要是主观的确实性就变成了一个只能使它具有更无法克服的欺骗性的缺点。除了自我认识之外，另一个最显著的直觉的例子是人们自信对其爱恋之人所具有的认识。不同人格之间的壁障在这里似乎变成透明的了，人们以为自己能看透对方的灵魂，正如能省察自己的灵魂一样。然而在这种情形中，欺骗也常常是行之有效的；即使在并非有意欺骗之处，经验也已渐渐证明了，人们所认为的洞见一般都是虚妄的，从长远来看，理智的比较缓慢和更多探索的方法才是更可靠的。

柏格森认为，理智只能就事物与以往经验过的东西之相似来研究事物，而直觉则有能力把握每一瞬间所有的独特和新鲜的东西。说每一瞬间都有某种独特的新的东西，无疑是对的；说这种独特的新的东西不可能用理智的概念充分地表达，也是对的。只有直接的亲知才能提供关于独特的新的东西的知识。但是这种直接的亲知是完全在感觉中被给予的，就我所能见到的而言，并不需要任何特殊的直觉能力去把握它。提供新材料的既不是理智也不是直觉，而是感觉；如果这些材料是异常之新的，则理智比直觉更有能力处理它们。孵了一窝小鸭的母鸡无疑有一些直觉，这些直觉似乎能使它置身于这些小鸭之中，而不仅仅是对它们有分析的认识；但是当这些小鸭下了水，这全部表面的直觉就可以看到是虚幻的了，母鸡只有无可奈何地被留在岸上了。实际上，直觉是本能的一个方面和发展，而且像一切本能一样，在塑造了所说的这个动物（指母鸡）习惯的那些通常环境中是令人惊叹的，但是一旦环境变化到要求某种不寻常的行动方式时，它就完全无能为力了。

对世界的理论的理解，是哲学的目的，但是对于动物或野蛮人乃至最文明的人来说，却不是具有很大实际重要意义的事情。因此很难设想，本能或直觉的那种迅速、粗率、立时可用的方法会在这个领域找到英雄用武之地。最能表现直觉能力的是那些比较古老的活动，这些活动显示了我们同动物和半人类祖先遥远世代的亲缘关系。在像自我保护和爱这样的事情上，直觉的活动有时（虽然并非总是如此）会迅速而准确得使批判的理智大吃一惊。但是，哲学并不是要阐明我们与过去的亲缘关系的一种工作，而是一种极其高尚、极有教养的工作，要取得成就，就需要在一定程度上从本能的生活中解放出来，甚至时时要对一切尘世的希望和恐惧持某种超脱的态度。因此我们不能希望在哲学中看到直觉的最佳状态。反之，因为哲学的真正对象以及把握哲学所需要的思想习惯是陌生的，不寻常的和幽远的，所以在这里，几乎比任何别的地方，理智更表明是高于直觉的，仓促未经分析的信念是最不应该被不加批判地接受的。

在着手进行有点困难和抽象的讨论之前，最好先考察一下我们可以保留什么希望和必须抛弃什么希望。希望满足人的欲求，即希望证明世界具有这样或那样合乎理想的伦理性质，依我所见，这种希望是哲学无论如何都不可能满足的。善的世界和恶的世界的区别是这些世界中各种特殊事物的特殊性质上的区别，而不是可入哲学范围的一种十足抽象的区别。例如，爱与恨是伦理上的对立面，但是在哲学看来，它们对于对象的态度是近乎同一的。对于构成心理现象的对象的态度，其一般形式和结构才是哲学的问题，爱与恨的区别不是形式或结构的区别，因而属于心理学这门专门科学，而不属于哲学。因此常常激励了哲学家们的那些伦理的兴趣必须留在背后，某一种伦理兴趣可能对整个的研究有所激发，但是任何伦理的兴趣都不应搅入具体细节的研究，也不能期望得到所要寻求的特殊的结果。

如果这个看法乍一见似乎令人失望，那么我们可以回忆一下，在其他各门科学中，都有过同样的必然的变化。物理学家或化学家现在已无需去证明他的离子或原子的伦理的重要意义了；人们也不期望生物学家去证明他所解剖的动植物的功利性了。在前科学时期，情形就不是这样的。例如，人们研究天文学，是因为他们相信占卜星相之说，以为行星的运动对人类生活有极其直接而重要的影响。当这种信念已然衰落，对天文学的不计功利的研究开始的时候，那些对占星术饶有兴味的许多人大概还会断定说，天文学与人类利害无关，因而不值得研究。像柏拉图《蒂迈欧篇》中的那种物理学是充满了伦理观念的，其宗旨的一个重要部分就是指出地球是值得赞美的。反之，近代物理学家虽并不想否认地球是令人赞美的，但是他们作为物理学家是不研究地球的伦理性质的，他们只关心去发现事实，而不考虑它们是善是恶。在心理学中，科学态度甚至比在物理学中更为晚出和更为困难，因此人们自然会认为人性是善的或恶的，认为善恶之别在实践上如此非凡地重要，在理论上也必是重要的。只是在上世纪才有一种在伦理上中立的心理科学发展起来，而且在这里伦理的中立性也是科学取得成就所必需的。

在哲学上，迄今很少有人探求过伦理的中立，也几乎从未达到过伦理的中立。人们都记得自己的愿望，并且联系到自己的愿望来判断各种哲学。认为善恶观念必为理解世界提供一把钥匙的这种信念从具体科学中被逐出以后，一直在哲学中寻找避难所。但是如果哲学不要还是一串令人快慰的梦，那么就必须把这种信念甚至从这个最后的避难所中驱逐出去。直接追求幸福的人并不是最能得到幸福的，这是一个平凡的真理。对于善似乎也可以这样说。无论如何，在思想上，那些忘记善恶而只求认识事实的人，比那些通过自己欲望的歪曲媒介来看世界的人更有可能获得善。

近来我们关于事实的知识的巨大扩展，像文艺复兴时期一样，对一般理智的世界观有两方面的影响。一方面，它使人们不再相信那些野心勃勃的庞大体系是真理了，各种理论来去匆匆，每个理论都只是短暂地适用于为已知事实分类并推进对新事实的探索，但是每个理论一旦发现了新事实就又表明它是不足以处理这些新事实的了。即使那些发明理论的人在科学上也只是把理论看作一种暂时的权宜手段。像中世纪经院学者自以为达到了的那种无所不包的综合的理想，距离似乎可及的界限愈来愈遥远了。在如蒙田所描绘的那样的世界中，除了发现愈来愈多的事实之外，似乎没有什么值得做的事情了，而每个事实则又依次给某种被珍爱的理论以致命的打击；进行整理安排的理智渐渐不堪其烦，由失望而变得疏懒了。

另一方面，新的事实带来了新的力量；人对自然力的物理控制以前所未有的速度增长着，而且在将来可望增长得超出一切可能划定的界限之外。因此，与对终极理论的失望相映成趣的是对实践的无限乐观，人所能做的似乎是近于无穷无尽的。人类力量的那些老的固定的界限，诸如死亡或人类对宇宙力之平衡的依赖之类，都被忘却了，人们认为任何铁的事实都不会打破人类万能的梦想。凡是给人类满足自己愿望的能力设置界限的哲学都是不能容许的，因此人们正是要以理论上的失望去制止怀疑实践上可能取得成功的一切恶言谤语。

我以为，应当承认，近代精神在欢迎新事实和怀疑关于宇宙的独断论观点上完全是一个进步。但是，在我看来，它在实践上的自负和在理论上的失望都太过分了。人类具有的最大的力量大都被召唤出来去应付不变的天然障碍对人类希望的阻挠了，如果还要自夸万能，那么人类就变得浅薄而且有点荒唐了。在理论方面，我相信，那些乐于把科学之富有希望、耐力和不具偏见与希腊人对于抽象逻辑世界之美和对于真理沉思之无上内在价值的感觉结合起来的人，是能够发现终极的形而上学真理的，虽然这种真理不是像过去一些哲学家看来那样无所不包和难以企及。

因此，要成为真正为科学精神所灌注的哲学就必须研究有点枯燥和抽象的东西，而绝不要希望找到对人生实际问题的解答。对于那些想要了解在宇宙构造方面过去感到最困难最隐晦的很多东西的人，这种哲学给予很大的报酬，这就是像牛顿和达尔文学说那样著名的胜利品，而且从长远来说对于塑造我们的心理习惯是重要的胜利品。它随身带来（一种新的有力的研究方法总是这样）一种力量感和进步的希望，这比建立在对整个宇宙性质的仓促谬误的概括上的任何力量感和进步希望更可靠，更有根据。它不能自满于过去曾经鼓舞了哲学家们的许多希望；但是它能比以前时代以为人类精神可能达到的还更充分地满足其他一些更纯粹理智的希望。

第二讲　逻辑是哲学的本质

我们在第一讲中讨论过的论题和下面将要讨论的论题，就其为真正哲学的论题而言，都可还原为逻辑问题。这并非出于偶然，而是由于这个事实，即每一哲学问题，当我们给以必要的分析和提炼时，就会发现，它或者实际上根本不是哲学问题，或者在我们使用逻辑一词的意义上说是逻辑问题。但是，因为从来没有两个不同的哲学家曾在相同的意义上使用“逻辑”一词，所以一开始就对我所谓逻辑的涵义作一点解释，是必要的。

逻辑，在中世纪以至今日的教学中，不过是指三段论推理的一些术语和规则的烦琐的汇集。亚里士多德已经说过了，普通人的职责只是追踪其后去复述这门课程而已。传统逻辑里的那种浅薄的胡说至今依然被一些著名权威当作一门极好的“基础知识”加以研究和辩护，这种“基础知识”也就是对在以后生活中大有帮助的那些一本正经吹牛空谈的习惯的训练。但是，我说全部哲学就是逻辑，绝不是要褒扬这种东西。从17世纪初以来，所有从事推理的富有生气的人物都已抛弃了中世纪的传统，以这样或那样的方式扩大了逻辑的范围。

第一次扩展是培根和伽利略引进归纳法，前者是以一种理论的而且多半是错误的形式引进的，后者则是在建立近代物理学和天文学基础的实际应用中引进的。这大概是一般受过教育的人们所熟知的对旧逻辑的惟一的扩展。归纳作为一种研究方法虽然是重要的，但是当它的工作已然完成时，它却似乎不复存在了：在一门完善科学的最终形式上，似乎一切都应该是演绎的。如果归纳仍然存在（这是一个困难的问题），那么它将只是作为演绎所据以进行的原则之一而存在。因此引进归纳法的最后结果似乎不是创造了一类新的非演绎推理，而是由于指出了一种肯定不是三段论式的、与中世纪的模式不相符的演绎方式，而扩大了演绎的范围。

关于归纳的范围和效准的问题是一个很困难的、对我们的知识很重要的问题。拿“太阳明天是否升起?”这个问题为例。我们最初的本能的感觉有充分的理由说它将会升起，因为它曾在以前那么多的早晨升起过。现在，我自己也不知道这是否确实算得上一个根据，但是我乐于假定它是如此。于是这个问题就来了：我们从过去太阳的升起推到未来太阳的升起所依据的推理原则是什么呢？穆勒的回答是：这个推理是依靠因果律的。我们且假定这个回答是对的；那么相信因果律的理由又是什么呢？大致说来有三种可能的回答：（1）它本身是先天地被认识的；（2）它是一个公设；（3）它是一个经验的概括，从我们发现它在其中有效的那些事例得来的。认为因果律是先天地被认识的这种理论是不可能被断然驳倒的，但是只要把因果律加以精确的表述，从而指出它远比一般想象的更为复杂、更不明确，就可以表明它是完全没有道理的。认为因果性是公设，即认为它是某种我们虽知其很可能是错的却要加以肯定的东西，这种理论也是无法驳倒的；但是它显然也无法证明因果律在推理中有任何用处。这样，我们就不得不接受穆勒的观点，即认为因果律是经验概括的理论。

但是，如果这样，那么如何证明经验概括是正确的呢？有利于它们的证据不可能是经验的，因为我们想从已经观察到的东西推论出未曾观察到的东西，这只有通过已被观察的和未被观察的东西的某种已知的关系才可能做到；但是根据定义，未被观察的东西不是被经验地认识的，因此它同被观察的东西的关系如果被认识到了的话，那一定是独立于经验证据而被认识到的。我们且来看看穆勒对这个问题讲了些什么。

照穆勒看来，因果律是由被称为“简单枚举归纳”的一种显然难免有误的过程证明的。他说，这个过程“在于把普遍真理的性质归之于在我们所知的一切事例中都真的所有命题”①。至于这种方法之可能有误，他认为“简单枚举法之不可靠与概括的宽广程度成反比。观察的对象愈特殊，范围愈狭窄，这个过程就愈不可靠，愈不适当。但是随着观察对象范围的扩大，这种非科学的方法则愈来愈不易使人致误了；具有最大普遍性的那些真理，例如因果律，算术和几何的原理，都只有用这种方法给以充分而令人满意的证明，而不可能有任何别的证明”②。

在上面论述中有两点明显的缺漏：(1) 如何证明简单枚举法是正确的？(2) 什么逻辑原则（如果有这样一种逻辑原则的话）既与这种方法涉及的范围相同，而又不致有这种方法的缺陷？我们且先来讨论第二个问题。

一种证明方法，如果按照所指示的那样去应用它，有时能提供真理，有时又可产生谬误（像简单枚举法那样），那么这种方法显然就不是一种切实有效的方法，因为有效性要求确定不移的真理。因此，如果要使简单枚举成为一种有效的方法，就绝不能像穆勒所说的那样来说明它。我们最多只能说，经验材料使结论成为有或然性的。我们应该说，因果律在我们至今可能加以检验的一切事例中都是适用的；因此它在未经检验的

① 《逻辑体系》，第3卷，第3章，第2节。

② 同上书，第21章，第3节。

事例中或许也是适用的。或然性这个概念有极大的困难，不过现在我们可以置而不顾。这样，我们就有了一个至少可以算作逻辑原则的东西，因为它是没有例外的。如果一个命题在我们有幸知道的一切事例中都是真的，而且这些事例是大量的，那么，我们就应当说，根据这些材料，这个命题在任何别的事例中亦真，是有很大或然性的。我们宣称其为或然的东西并不总是发生这一事实不会否定这一点，因为一个事件根据经验材料来看可以是有或然性的，然而并没有出现。但是对这一点显然可以做进一步的分析和更精确的陈述。我们应当像下面这样说：使一命题①为真的每个事例都增加了它在新事例中为真的或然性，如果对此命题为真有利的事例数量足够的多，而又无任何反例，这就会使得此命题在新事例中为真的或然性无限地接近于确实性。简单枚举法要成为有效的方法，就需要有某种诸如此类的原则。

但是这就把我们引到另一个问题了，即我们如何知道我们的原则是真的呢？显然，我们既然需要这个原则来证明归纳的正确，我们就不可能用归纳来证明它；既然它超出了经验材料，它就不可能仅由经验材料所证明；既然需要把它作为从经验材料推出经验材料之外的东西的一切推论的根据，那么它本身就绝不可能靠这些材料而具有任何程度的或然性。因此，如

① 或更正确地说是命题函项。

果这个原则是人们已知的，那么它不是通过经验，而是独立于经验为人们所知的。我并不是说，人们已知有任何这样的原则，我只是说，经验论者所承认的这种由经验出发的推论需要这样一种原则来加以证明，而这种原则本身是不可能被经验地证明的。[①]

关于任何其他逻辑原则，我们都可以同样的论证来证明这同样的结论。因此逻辑的知识不是仅由经验得来的，经验派的哲学因而也不能被完全接受，尽管它在逻辑范围之外的许多问题上有其长处。

黑格尔及其门徒以一种完全不同的方式扩大了逻辑的范围，我认为这种方式是错误的，但是只要想指出他们的逻辑观同我所欲提倡的逻辑观如何不同，我们就必须讨论它。在他们的著作中，逻辑实际上等于形而上学。大致说来，二者的这种等同是以如下的方式发生的。黑格尔认为，用先天的推理可以指出，世界必有各种不同的重要而有趣的特性，因为没有这些特性的世界是不可能的和自相矛盾的。因此他所谓"逻辑"乃是对宇宙本性的研究，这是就宇宙本性只能从宇宙必然逻辑地自相一致这个原则推出而言的。我本人并不相信，仅仅从这个原则能够对现存宇宙推出任何重要的东西来。但是，无论如何，即使黑格尔的推理是正确的，我也不必认为它是真正属于

① 关于因果性和归纳问题在第八讲中还将讨论。

逻辑的，而毋宁说它是逻辑对现实世界的一种应用。逻辑本身则应当说就是要研究什么是自相一致这类问题的，就我所知，黑格尔没有讨论这个问题。他虽然批判了传统逻辑，并且宣称用他自己的一种改善的逻辑代替了传统逻辑，但是就某种意义而言，他的推理贯彻始终都无批判地不自觉地承受了传统逻辑及其全部缺陷。在我看来，不能在黑格尔所倡导的方向上去寻求逻辑的改造，我们要通过对黑格尔体系和大多数其他哲学家的体系所共有的那些前提做更根本的、锲而不舍而又较少奢望的研究来改造逻辑。

在我看来，黑格尔体系为何采纳了普通逻辑，随后又批判了它，其做法可以“范畴”这个一般概念为例加以说明，这个概念是他无往而不用的。我认为，这个概念本质上是一个逻辑混淆的产物，然而在某种程度上它似乎代替了“作为全体的实在的诸性质”这个概念。布拉德莱先生曾提出一种理论，按照这种理论，我们在一切判断中都是把一个谓语归之于作为全体的实在；这个理论是从黑格尔来的。传统逻辑认为，每个命题都把一个谓语归之于一个主语，由此很容易得出结论说，只能有一个主语即绝对，因为如果有两个的话，那么，有两个主语这个命题就不会把一个谓语归之于二者中的任何一个了。因此，黑格尔关于哲学命题必然具有“绝对是如何如何”的形式的学说是依赖于认为主谓式具有普遍性这一传统信念的。这个信念是传统的，几乎是不自觉的，而且也不被认为是有重要性的，但是它却在暗地里起作用，而且在那些乍看似乎证实了它的真理性的论证（例如对关系的驳斥）中都假定了这个信念。这是黑格尔无批判地采纳传统逻辑的最重要的方面。其他较不重要的方面——虽然这些方面作为诸如“具体普遍”“差异中的同一”等重要的黑格尔哲学概念的来源，还是十分重要的——在他明白讨论形式逻辑的地方可以看到。①

另外还有一种与此完全不同的方向，逻辑学在技术上的大发展就是沿着这个方向发生的。我指的是被称为逻辑斯蒂或数理逻辑的那个方向。这种逻辑在两种不同的意义上是数学的：它本身是数学的一个分支，又是可专门应用于其他更为传统的诸数学分支的逻辑。从历史来说，它在开始时只是数学的一个分支；它之专门应用于其他分支乃是较为晚近的一个发展。在这两方面，数理逻辑都是莱布尼茨毕生所珍爱的、并以其惊人

---

① 见H·S·马克兰译《黑格尔关于形式逻辑的学说》，牛津，1912年。黑格尔在其《逻辑学》的这一部分中的论证完全是基于对表示谓词的“是”（如在“苏格拉底是有死的”这个句子中）和表示等同的“是”（如在“苏格拉底是饮了毒药的那位哲学家”这个句子中）的混淆上的。由于这种混淆，他认为“苏格拉底”和“有死的”必然是同一的。既然它们是不同的，于是他就不像别人那样推论说这里什么地方有错，而是认为它们显示了“差异中的同一”。此外，“苏格拉底”是特殊的，“有死的”是普遍的。因此，他说，既然苏格拉底是有死的，由此可见特殊即是普遍，在这里他把“是”字全都当作表示等同了。但是说“特殊即是普遍”是自相矛盾的。黑格尔仍然不觉得这是一个错误，而是要进而把特殊和普遍在个别或具体普遍中综合起来。这是一个例证，表明那些庞大的堂而皇之的哲学体系是如何由于一开始就不当心而被建立在愚蠢浅薄的混淆上面，除非这种混淆是由于无心的过失（这是几乎难以置信的事实），人们是会把它们看作玩弄双关语游戏的。

智力的全部热情所追求的一个愿望的实现。他关于这个课题的许多著作近来已经发表了，因为他的发现也已为其他的人所重新发现；但是他的这些著作没有一篇是他自己发表的，因为他所作出的结果是与传统三段论学说的某些观点决然抵触的。现在我们已经知道，在这些点上，传统学说是错的，但是对亚里士多德的敬重使莱布尼茨没有认识到这是可能的。[①]

现代数理逻辑的发展是从布尔的《思维法则》（1854）开端的。但是，在皮亚诺和弗雷格之前，布尔及其后继者所取得的实际成就，除了某些细节之外，惟一的就是发明了一套数学符号，利用这套符号可以从这些新方法与亚里士多德的方法所共有的那些前提推演出结论来。这个课题作为数学的一个独立的分支具有相当的重要性，但与真正的逻辑却无多大关系。从希腊时代以来，真正逻辑的第一个重大的进步是由皮亚诺和弗雷格各自独立做出的，而他们二人都是数学家。他们都是通过数学分析而达到他们的逻辑结论的。传统逻辑认为“苏格拉底是有死的”和“所有人都是有死的”这两个命题具有相同的形式；[②] 皮亚诺和弗雷格指出，它们在形式上是完全不同的。逻辑的哲学重要性可以下面这个事实来说明，即这种混淆（大多数作者还在犯这种混淆的毛病）不仅模糊了对判断和推理形式

① 参见库蒂拉，《莱布尼茨的逻辑》，第 361、386 页。

② 人们通常承认这两个命题之间有某种差别，但是不承认这种差别是根本的，具有极大重要性。

的全部研究，而且把事物与其性质的关系、具体存在与抽象概念的关系以及感官世界与柏拉图理念世界的关系弄得暧昧不清了。由于技术上的理由，皮亚诺和弗雷格指出了这种错误，并且把他们的逻辑主要应用于技术上的发展；但是说他们所做出的这种进步在哲学上具有重要意义是绝不为过的。

数理逻辑，即使在其最现代的形式上，除了在其开始部分，也不是直接具有哲学的重要性的。在开头部分之后，与其说它属于哲学，不如说它属于数学。关于它的开头部分，我将简略谈到，这是惟一真正可称为哲学逻辑的部分。但是，它后来的发展虽然不是直接哲学的，我们却可以发现在哲学研究中甚至也有很大的间接的用处。这些发展使我们能够容易地处理比纯粹言词推理所能列举的更为抽象的概念；这些发展提示给我们富有成效的假设，否则我们几乎是不可能想到这些假设的；这些发展还使我们能够迅速看出构造某一逻辑体系或科学体系所需要的最起码的材料储备。不仅弗雷格关于数的理论（我们将在第七讲中讨论），而且全部物理概念的理论（我们在下两讲中将概略地说明），都灌注了数理逻辑，没有数理逻辑就是不可想像的。

在这两种情形中，以及在其他许多情形中，我们要使用某种被称为“抽象原则”的原则。这个原则也可以称为“消除抽象的原则”，是清除那些惊人的形而上学废物堆的一个原则。这个原则是直接由数理逻辑提示的，没有数理逻辑之助，这个原则恐怕是不可能得到证明和实际应用的。这个原则，我们将在第四讲中加以说明，但是我们可预先简要地指出它的应用。如果一组对象具有这样一种相似性，我们以为这种相似性是由于具有一共同性质而产生的，那么，上面所说的这个原则就向我们指出，这组对象的全体分子足以代替那个假设的共同性质的一切效用，因此，除非我们实际上已知有某种共同性质，相似对象的组或类就可用以代替无须假定其存在的这种共同性质，在这里和其他方面，就连数理逻辑的稍晚发展起来的那些部分也有极大的间接的用处；但是现在我们应该把注意力转向数理逻辑的哲学基础问题了。

在每个命题和每个推论中，除了所论及的特殊对象之外，还有某种*形式*，即命题或推论的诸成分结合起来的方式。如果我说："苏格拉底是有死的"，"琼斯是愤怒的"，"太阳是热的"，那么，在这三例中有某种共同的东西，即由"是"字所表示的某种东西。这种共同的东西就是命题的*形式*，而不是它的一个实际的成分。如果关于苏格拉底我说了很多事情：他是雅典人，他娶了桑蒂普，他饮了毒药，那么在我所说的所有这些命题中有一个共同的成分，即苏格拉底，但是这些命题具有不同的形式。另一方面，如果我取其中任一命题，每次用一个别的成分替换它的一个成分，那么，这个命题的形式保持不变，而原来的成分却无一存在了。例如下面这一系列命题："苏格拉底饮了毒药"，"柯尔律治饮了毒药"，"柯尔律治饮了鸦片"，

“柯尔律治吃了鸦片”。在这一系列命题中，形式保持不变，但所有的成分都变了。因此形式不是另一种成分，而是诸成分结合起来的方式。在这个意义上，形式乃是哲学逻辑的真正对象。

显然，关于逻辑形式的知识完全不同于关于存在事物的知识。“苏格拉底饮了毒药”的形式并不是像苏格拉底或毒药一样存在的事物，它甚至也没有饮（喝）与存在事物所有的那种密切的关系。它完全是一种更抽象更渺乎其远的东西。我们可能理解一个句子中的每个个别的词，却并不理解这个句子；如果一个句子很长而且复杂，这种情况就很容易发生。在这种情形下，我们就是只知句子的成分，而不知其形式。我们也可能理解句子的形式，而对其成分一无所知。如果我说：“罗拉里乌斯饮了毒药”，那么你们中间从未听到过罗拉里乌斯的那些人（假定有这样的人），虽然对这个句子的一切成分毫无所知，但是会理解这个句子的形式。要理解一个句子，我们必须既知道它的成分，又知道其形式的特殊情形。一个句子就是以这种方式传达知识的，因为它告诉我们，某些已知的对象是按照某种已知的形式联系起来的。因此，在我们对于言谈论说的任何理解中都包括某种逻辑形式的知识，虽然大多数人并不清楚这一点。哲学逻辑的任务正在于把这种知识从其外壳包藏下剥取出来，使其成为明白而纯粹的。

在一切推论中，惟有形式是具有本质重要性的，推论的特殊对象除了可以保证前提的真实性之外，是无关紧要的。逻辑形式之具有极大的重要性，这是一个原因。当我说："苏格拉底是人，所有的人都是有死的，所以苏格拉底是有死的"，前提和结论的联系绝不依赖于所说的是苏格拉底，是人，是有死性。推论的一般形式可以这样的话来表达，即"如果一个事物具有某个属性，并且凡是具有这个属性的事物都具有某个别的属性，那么所说的这个事物就也具有那个别的属性"。这里没有提到任何特殊的事物或特殊的属性，这个命题是绝对普遍的。所有的推论，如果完全陈述出来，都是具有这类普遍性的命题的例子。如果说它们似乎不仅在前提的真实性上有赖于推论的对象，那是因为前提没有全都被明白陈述出来。在逻辑上，讨论有关特殊情形的推论是浪费时间，我们自始至终只讨论完全普遍和纯粹形式的蕴涵关系，而留给其他科学去发现这些假设何时能得到证实，何时得不到证实。

但是造成推论的命题形式不是最简单的形式。它们总是假言的，说如果一个命题是真的，那么另一个命题也是真的。因此，在考察推论之前，逻辑必须考察作为推论前提的那些更简单的形式。传统逻辑在这里是完全不中用的，它认为简单命题（即不陈述两个或两个以上其他命题的关系的命题）只有一种形式，即把一个谓语归之于一个主语的那种形式。当我们把各种性质归属于某个事物时，这种形式是适当的，例如我可以说："这个东西是圆的，红的，等等。"语法偏爱这种形式，但是在哲学上，它远不是一种普遍的形式，甚至不是很常见的形式。如果我们说："这个东西大于那个东西"，那么我们并不是仅仅指定"这个东西"有一种性质，而是指定"这个东西"和"那个东西"有一种关系。我们可用另一个说法，即"那个东西小于这个东西"，来表达这同一个事实，但是从语法上来说，这里的主语变了。因此，陈述两个事物具有某种关系的命题与主谓式命题具有不同的形式，看不到这种区别或者不承认这种区别，一直是传统形而上学中许多谬误的根源。

认为一切命题都具有主谓的形式，换句话说，认为一切事实都在于某物之具有某个性质，这种想法或不自觉的信念曾使大多数哲学家不能给予科学和日常生活的世界以任何说明。如果他们真诚期望提供这样一种说明，他们也许会很快就发现自己的错误；但是他们大都更热衷于把科学和日常生活的世界判为不实在的，以便证明有一个超感性的"实在的"世界，而并不急欲理解科学和日常生活的世界。认为感官世界不实在这种信念是在某些心情中以不可抗拒的力量产生的，我想这些心情有某种纯粹生理学的根据，但是它们仍有强烈的诱惑力。从这些心情中产生出来的这种信念就是大多数神秘主义和形而上学的根源。当这样一种心情的强烈情绪平静下来的时候，有推理习惯的人就会寻找逻辑的理由来支持他在自己身上看到的这种信念。但是这种信念既已存在，因此浮现在他心中的任何理由，他都非常乐于接受。他的逻辑表面上证明的那些矛盾实际上是神秘主义的矛盾，而且他觉得这些矛盾是他的逻辑必须达到的目标，如果它要符合于洞见的话。那些神秘主义的大哲学家们，尤其是柏拉图、斯宾诺莎和黑格尔，就是这样研究逻辑的。但是，因为他们通常把神秘情感的所谓洞见视为当然的，所以他们的逻辑学说是以枯燥乏味的形式提出来的，而他们的弟子们则认为这些学说是完全不依赖于它们所由产生的那种顿悟的。然而，这些学说同它们的根源是紧密相连的，而且对科学和常识的世界始终是“存有敌意的”（借用桑塔亚那先生的一个有用的词）。只有这样才能解释哲学家们何以会心安理得地承认，他们的学说是同一切似已充分证实而且最值得相信的日常的和科学的事实相抵触的。

神秘主义的逻辑自然要指出任何可恶的东西固有的缺陷。当神秘的心情占统治之际，人们还不觉得需要逻辑；当这种心情逐渐淡漠的时候，要求逻辑的冲动就重新申明自己的权利了，不过它还要保存那种正在消失的洞见，或者至少要证明它曾是洞见，凡是看来与它矛盾的东西都是幻觉。这样产生的逻辑不是完全公正无私的，而是灌注了对它要被应用于其中的那个日常世界的某种憎恶。这样一种态度自然不会达到最好的结果。谁都知道仅仅为了驳斥一个作者而读他的作品，不是理解这个作者的方法；抱着万物都是幻觉这种信念去读自然界这部大书，同样不可能达到对自然界的理解。如果我们的逻辑是要发现日常的世界是可理解的，那么就绝不能对这个世界抱有敌意，而必须真诚地容纳它，这种真诚容纳的精神在形而上学家中间是不常见到的。

传统逻辑既然认为所有命题都具有主谓形式，因此不可能承认关系的实在性。它认为，一切关系都必须还原为显然相关的项的属性。有很多方法可以驳斥这种观点；最容易的方法之一来自对所谓“不对称”关系的考察。为了说明这一点，我要先说明两种独立的给关系分类的方法。

有些关系，如适用于A和B，则亦适用于B和A。例如，“兄弟或姊妹”的关系就是这样。如果A是B的兄弟或姊妹，则B也是A的兄弟或姊妹。任何一种相似性，例如颜色的相似性，也是这样的关系。任何不相似性也属于这类关系。如果A的颜色不同于B的颜色，则B的颜色亦不同于A的颜色。这一类的关系叫做*对称*关系。因此，一种关系如果凡当它适用于A和B时，它亦适用于B和A，那么它就是对称的。

所有不是对称的关系叫做*非对称*关系。例如“兄弟”是非对称关系，因为如果A是B的兄弟，B却可能是A的*姊妹*。

一种关系如果适用于A和B，却绝不适用于B和A，它就叫做*不对称*关系。例如丈夫、父亲、祖父，等等，是不对称关系。*在前*、*在后*、*大于*、*在上*、*在右*，等等，也是不对称关系。所有产生序列的关系都属于这一类。

把关系分为对称的、不对称的和仅仅非对称的，是我们必须考察的两种分类法中的第一种。第二种分类法是把关系分为传递的、不传递的和仅仅非传递的，其定义如下。

一种关系如果凡当它适用于A和B，也适用于B和C时，它就适用于A和C，我们就说它是传递的。例如在前、在后、大于、在上是传递的。所有能产生序列的关系都是传递的，但还有许多别的关系也是传递的。刚刚提到的这些传递的关系都是不对称的，但有许多传递的关系是对称的，例如，在任何方面相等，颜色完全相同，同等数量（当应用于集合时），等等。

一种关系如果不是传递的，我们就说它是非传递的。例如“兄弟”是非传递的，因为一个人的兄弟的兄弟可能就是这个人自己。各种不相似性都是非传递关系。

一种关系，如果A对B有这种关系，B对C有这种关系，但A对C决无这种关系，我们就说它是不传递的。例如“父亲”是不传递关系。又如“高出一英寸”或“在后一年”也是这样的关系。

现在让我们按照这种分类回头来看看是否一切关系都可还原为谓词的问题。

就对称关系（即如果适用于A和B，则也适用于B和A的那些关系）来说，可以承认这种学说似有某种道理。一种传递的对称关系，例如相等，可以认为表示具有某种共同属性，而不是传递的对称关系，如不相等，则可认为表示具有一些不同的属性。但是当我们涉及诸如在前和在后，大于和小于等等不对称关系时，要想把它们还原为属性则显然是不可能的了。

例如，当我们只知两个东西不相等，但不知哪个大些时，我们可以说，不相等是由于它们具有不同的大小造成的，因为不相等是一种对称关系；但是，认为一个东西大于而非仅仅不等于另一个东西，就意味着它们具有不同的大小，这种说法从形式上看也无法解释这些事实。因为要是另一个东西大于这个东西，那么它们的大小也会是不同的，虽然所要解释的事实已不会是同一个事实了。因此单纯大小的差别不是所包含事实的全部，因为如果这就是全部事实，那么这个东西之大于另一个东西与另一个东西之大于这个东西就会没有任何区别了。我们将不得不说，这个大小大于另一个大小，这样我们就摆脱不了“大于”这种关系。简而言之，具有相同属性和具有不同属性都是对称关系，因而不可能解释不对称关系的存在。

一切序列都包含着不对称关系，在时空，大于和小于，全体和部分，以及现实世界的许多其他最重要的特征中，都包含着不对称关系。因此把一切都还原为主词和谓词的那种逻辑只好将所有这些方面斥为谬误和单纯的现象。但是，对于其逻辑并不带有恶意的那些人来说，这样一种全盘否定的做法似乎是不可容忍的。事实上，就我所能看到的而言，除了偏见，没有任何理由否认关系的实在性。一旦承认了关系的实在性，视感官世界为虚幻的一切逻辑根据就消失了。如果要设想感官世界是虚幻的，老实干脆地说，只能以没有论证支持的神秘洞见为根据。只要这种自诩为洞见的东西并不用论证来为自己辩护，那么，我们也就不可能用论证去反驳它。因此，作为逻辑学家，我们可以承认神秘主义者的世界是可能的，但是只要我们并不具有他的那种洞见，我们就必须继续去研究我们所熟悉的日常世界。但是如果神秘主义者硬说我们这个世界是不可能的，那么我们的逻辑就随时准备击退他的攻击。要创造足以完成这个使命的逻辑，第一步就是承认关系的实在性。

具有两项的关系只是关系的一种。关系可有三项或四项，或任何数目的项。两项的关系是最简单的关系，一直比其他关系更受到哲学家们（不论承认还是否认关系实在性的那些哲学家）的注意，而且一般地说只有这种关系才被哲学家们所考察。但是其他关系也有其重要性，而且在解决某些问题上是不可缺少的。例如，嫉妒是三人之间的关系。罗伊斯教授提到“给”这种关系，当A把B给C时，这是三项的关系。① 当一个人对他妻子说：“亲爱的，我希望你能劝安杰利娜嫁给埃德温”，他的希望构成四人（他自己，他的妻子，安杰利娜和埃德温）之间的关系。因此这样一些关系绝不是深奥难解的也不是稀有罕见的。但是为了确切说明它们与两项的关系如何不同，我们必须着手给事实的逻辑形式进行分类，这是逻辑的首要职务，而且是传统逻辑最有欠缺之处。

现存的世界是由具有许多性质和关系的许多事物组成的。

① 《哲学科学百科全书》，第1卷，第97页。

对现存世界的完全描述不仅需要开列一个各种事物的目录，而且要提到这些事物的一切性质和关系。我们不仅必须知道这个东西、那个东西以及其他东西，而且必须知道哪个是红的，哪个是黄的，哪个早于哪个，哪个介于其他两个之间，等等。当我谈到一个“事实”时，我不是指世界上的一个简单的事物，而是指某物有某种性质或某些事物有某种关系。因此，例如我不把拿破仑叫做事实，而把他有野心或他娶约瑟芬叫做事实。在这个意义上，事实绝不是简单的，而总是有两个或更多的成分。一个事实如果只是给一事物规定一个性质，那么它就只有两个成分：这个事实和这个性质。如果它是由两个事物间的一种关系构成的，那么它就有三个成分：这两个事物和这个关系。如果它是由三个事物间的一种关系构成的，那么它就有四个成分，如此等等。就我们使用“事实”一词的涵义来说，事实的诸成分不是另外的事实，而是事物和性质或关系。当我们说有多于两项的关系，我们的意思是说，有一些单独的事实是由一个单独的关系和两个以上的事物构成的。我不是说，两项间有一种关系既适用于A和B，亦适用于A和C，例如一个人既是他父亲的儿子，也是他母亲的儿子。这构成了两个不同的事实，如果我们愿意把它作为一个事实看待，那么它就是一个以事实为组成成分的事实。但是我正在谈论的这些事实的诸成分都不是事实，而只是事物和关系。例如，当A为了C而嫉妒B时，这里只有一个涉及三个人的事实；嫉妒的事例在这里只有一个而非两个。我所说三项的关系是就下面这种情形来谈的，即其中出现这种关系的最简单的可能的事实乃是除了这种关系之外还包含有三个事物的那种事实。对四项的或五项的或无论多少项的关系都可以这样说。我们给事实的逻辑形式开列的清单中必须承认所有这样的关系：两个包含同样多事物的事实具有相同的形式，两个包含不同数目事物的事实具有不同的形式。

假定有一个事实，就有一个表达这一事实的断言。事实本身是客观的，独立于我们对它的思想或意见的；但是断言则含有思想，而且可真可假。一个断言可以是肯定的或否定的。我们可以断言，查理一世被处死，或查理一世没有死在他的床上。否定的断言可以说是一种否定。设有语词的一种必真或必假的形式（例如“查理一世死在他的床上”），我们可以肯定或否定这种语词的形式，在一种情形中我们有一肯定的断言，在另一种情形中则有一否定的断言。语词的那种必真或假的形式，我将称为命题。因此命题就是可以有意义地加以断定或否定的东西。一个命题如果表达了我们所说的一个事实，即当它被断定时，就是断言某物有某种性质或某些事物有某种关系，那么这个命题就称为原子命题，因为我们立即可以看到，还有其他一些命题，原子命题包含在这些命题之中，正如原子包含在分子中一样。原子命题虽如事实一样可具有无数形式中的任何一种形式，但是它们只是命题之一种。其他各种命题都是比较复杂的。为了保持事实和命题在语言上的平行，我们将把上面所考察的事实称为“原子事实”。因此原子事实就是决定原子命题要被肯定抑或被否定的东西。

一个原子命题，例如“这是红的”，或“这个先于那个”，应当被肯定还是被否定，只能由经验得知。有些时候也许可能从一个原子事实推出另一个原子事实，虽然这似乎是很难确定的；但无论如何，从无一为原子事实的一些前提中是不可能推出原子事实来的。由此可见，如果要知道原子事实，那么至少有些东西必须是不靠推论而得知的。这样得知的原子事实就是感官知觉的事实；无论如何，感官知觉的事实是我们这样得知的最明显最确实的事实。如果我们已知一切原子事实，并且已知除我们所知者外别无任何原子事实，那么我们在理论上就该能够把无论什么形式的一切真理都推出来。[①] 这样，逻辑就会提供我们以所需要的全部工具。但是在最初取得关于原子事实的知识上，逻辑是无用的。在纯逻辑中，绝不提及任何原子事实，我们只限于讨论形式，而不问什么对象可填入这些形式。因此纯逻辑是独立于原子事实的；反过来说，在某种意义上，原子事实也是独立于逻辑的。纯逻辑和原子事实是两极，一为

① 这个说法也许要加以限制，以便把诸如信念和愿望之类的事实包括进去，因为这样一些事实显然包含着把命题作为自己的成分。这样的事实严格说来虽非原子事实，但是正文的陈述要成为真陈述，我们就必须把这样一些事实包括在原子事实之内。

完全先天的，一为完全经验的。但是在这两极之间有一广阔的中间地带，现在我们必须简略地考察一下这个中间地带。

“分子命题”是包含如果、或、和、除非，等等连接词的命题，这些连接词是分子命题的标志。试看这样一个断言：“如果下雨，我就带伞。”这个断言像原子命题的断言一样，是可真可假的，但是很明显，无论与此命题相应的事实，还是命题与事实的符合的性质，都与原子命题的情形大不相同。天是否下雨，我是否带伞，每个各自都是原子事实，可由观察探知的。但是在说如果一个发生，则另一个亦将发生这句话时所包含的这二者的联系，却是与二者中的任何一个都根本不同的某种东西。它之为真，并不需要天果然下雨，或者我确实带伞；即使晴天无云，说如果是不同的天气，我就会带伞，也还可以是真的。因此这里有两个命题的一种联系，这种联系不取决于它们要被肯定或被否定，而只在于后者之能够从前者推出。因此这样的命题具有一种与任何原子命题的形式不同的形式。

这样的命题对于逻辑是重要的，因为一切推论都依赖它们。假如我对你说过，如果下雨我就带伞，又假如你看到正在不停地下着倾盆大雨，那么你就可以推论我要带伞。除非命题以这样一种方式相联结，致使可由一个命题的真假推出另一命题的真假，是不可能有任何推论的。有些时候，看来我们虽然并不知道作为组成部分的诸原子命题的真假，却可以知道分子命题，如上举雨伞的例子。推论的实际功用就在于这一事实。

我们须做考察的另一类命题是全称命题，例如“所有的人都是有死的”，“所有等边三角形都是等角的”。包含“有些”这个词的命题，例如“有些人是哲学家”或“有些哲学家是不聪明的”，亦应归入此类。这些命题是对全称命题的否定，在上述二例中就是否定“所有的人都是非哲学家”和“所有的哲学家都是聪明的”这两个命题的。我们可把包含“有些”一词的命题称为否定的全称命题，把包含“所有”一词的命题称为肯定的全称命题。我们将看到，这些命题开头时具有逻辑教科书中命题的表面形式。但是逻辑教科书并不了解它们的特点和复杂性，对它们所引起的问题只是以最肤浅的方式讨论过。

我们在讨论原子事实时已经看到，如果我们已知一切原子事实，而且已知除我们所知者外别无其他原子事实，那么我们在理论上应当能够借助逻辑而把其他一切真理推出来。关于别无其他原子事实的知识是肯定的普遍的知识，这种知识告诉我们：“一切原子事实都为我所知”，或至少“一切原子事实都在这个集合之中”，不论这个集合是怎样产生的。不难看到，像“所有的人都是有死的”这样的全称命题是不可能只靠从原子事实进行推论就认识到的。即使我们可能知道每个个别的人，并且知道他是有死的，这也并不能使我们知道所有的人都是有死的，除非我们已知我们所知道的这些人就是所有存在的人，而这是一个全称命题。即使我们已知整个宇宙中每一其他存在的事物，并且已知它们每一个都不是不死的人，这也还不能使我们得出所有的人都是有死的结论，除非我们已知我们已探究了整个宇宙，就是说我们已知“一切事物都属于我所考察过的这个事物集合”。因此普遍真理不可能仅从特殊真理推出，但是如果我们要认识普遍真理的话，那么它们就必然或者是自明的，或者从其中至少有一个是普遍真理的一些前提中推出来的。但是一切经验的根据都属于特殊真理。因此，如果关于普遍真理真有任何知识的话，那么必有某种独立于经验根据的关于普遍真理的知识，亦即不依赖于感觉材料的知识。

上述的结论（归纳原则是其一例）是重要的，因为它驳斥了旧经验论者。他们认为，我们的一切知识都是从感觉得来的，依赖于感觉的。我们看到，如果要坚持这个观点，我们就一定不能承认我们知道任何全称命题。在逻辑上，完全可能是这种情形，但实际上则似乎不是这样，而且确实没有人会梦想要坚持这样一种观点，除非他是一个走极端的理论家。因此，我们必须承认，有并非来自感觉的普遍知识，这种知识有的不是靠推论得到的，而是初始的知识。

这样的普遍知识可在逻辑中看到。是否有并非来自逻辑的任何这种知识，我不知道；但是在逻辑中无论如何是有这种知识。大家记得，我们曾把像“苏格拉底是人，所有的人都是有死的，因此苏格拉底是有死的”这样的命题排除在纯逻辑之外，因为苏格拉底、人和有死的都是经验的语词，只有通过特殊的经验才能了解到。在纯逻辑中相应的命题是：“如果任何事物有某个属性，并且凡是有此属性的事物也有某一别的属性，那么所说的这个事物就有这一别的属性。”这个命题是绝对普遍的，它适用于一切事物和一切属性。而且这个命题是完全自明的。因此在这种纯逻辑的命题中我们具有我们曾经寻求的那种自明的普遍命题。

一个像“如果苏格拉底是人，并且所有的人都是有死的，那么苏格拉底是有死的”这样的命题，只是由于它的形式而为真的。在这个假言形式中，其真理性既不依赖于苏格拉底之是否确乎是人，也不依赖于事实上是否所有的人都是有死的；因此当我们用其他的词代替苏格拉底、人和有死的时，这个假言形式同样是真的。以此为例的这种普遍真理是纯形式的，属于逻辑。既然它并不提到任何特殊的事物，甚至不提到任何特殊的性质或关系，因此它是完全独立于实存世界的偶然事实的，而且从理论上说，无需对特殊事物或其性质和关系有任何经验就能够认识到。

我们可以说，逻辑是由两部分构成的。第一部分研究什么是命题和命题可能具有什么形式；这一部分列举出不同种类的原子命题、分子命题、全称命题，等等。第二部分包括某些最普遍的命题，这些命题肯定了具有某些形式的一切命题都是真的。这第二部分合并于纯数学，纯数学的命题经过分析全都转成这样普遍的形式真理。第一部分仅仅把形式列举出来，这是更困难、在哲学上更重要的部分；许多哲学问题之可能得到真正科学的讨论，主要就是由于这第一个部分晚近以来的进步，而非其他所致。

关于判断或信念的性质问题可作为一个例子，说明其解决依赖于对逻辑形式的完备分类清单。我们已经看到，人们所设想的主谓形式的普遍性如何使他们不可能给连续性序列以正确的分析，因而使时空成为不可理解的。但是在这种情况下，所需要的只是承认两项间的关系而已。就判断来说则需要承认有更复杂的形式。如果一切判断都是真的，我们可能以为，判断就是对事实的理解，而这种理解则是人心对事实的一种关系。由于逻辑分类清单缺漏不全，这种观点常常为人们所相信。但是，拿谬误这种情形来说，这种观点就使人陷入绝对无法解决的困难了。假定我相信查理一世死在他的床上。并没有“查理一世死在他的床上”这样一个我能够对其有理解关系的客观事实。查理一世、死和他的床都是客观的，但是除了在我的思想中，它们并没有像我的虚妄信念所设想的那样结合起来。因此在分析一种信念时，必须寻求某种不同于两项关系的逻辑形式。在我看来，对这种必要性缺乏认识已经使迄今人们关于认识论所写的一切几乎都归于无效，使谬误问题无法解决，使信念和知觉的差别成为莫名其妙的东西。

正如我所希望的，现在已能明白看到，现代逻辑能够扩大我们的抽象想像，提供无数可能的假设，用之于对任何复杂事实的分析。在这方面，它与古典传统所实际应用的逻辑恰好相反。在传统逻辑中，初看似乎可能的假设都被公然判为不可能的，并且预先规定实在必须具有某种特殊的性质。与此相反，在现代逻辑中，初看似乎可能的假设一般仍可承认，而惟有逻辑才会提出的其他假设则增加了我们的储备，而且我们经常可以看到，对事实要得到一个正确的分析，这些假设是必不可少的。旧逻辑加思想以桎梏，新逻辑则给思想以翅膀。在我看来，新逻辑给哲学带来了与伽利略给物理学带来的同样的进步，使我们终于能够知道，哪些问题有可能解决，哪些问题是超乎人类能力，必须抛弃的。而且在看来问题可能得到解决的地方，新逻辑提供了一种方法，使我们能够得到不仅体现着个人特性而且必会博得一切足以做出判断的人们赞同的结果。

第三讲　论我们关于外间世界的知识

我们可通过多种途径探讨哲学，但是最古老而经历最多的途径之一则是通过对感官世界的实在性的怀疑所走的那条路。在印度神秘主义，从巴门尼德以来的希腊和近代的一元论哲学，贝克莱哲学，和现代物理学中，我们都看到出于极不相同的动机对可感现象的批判和斥责。神秘论者根据对一个隐在幕后的更实在更有意义的世界的直接知识斥责可感现象；巴门尼德和柏拉图斥责可感现象，是因为它的不断流变被认为与逻辑分析所揭示的抽象物的不变本性相矛盾；贝克莱使用了几种武器斥责可感现象，但其主要的武器是感觉材料的主观性，它们对观察者的身体结构和视点的依赖性；现代物理学则以可感证据本身为根据，认为电子的狂舞乱跳至少在表面上与视觉或触觉的直接对象绝少有相似之处。

每一个这些方面的批判都提出了一些重大而有趣的问题。

神秘论者就其只是讲一种积极的启示而言，是无法驳倒的；但是当他否认感官对象的实在性时，人们可以质问他所谓“实在”是什么意思，也可以质问他是如何从他假设的超感觉世界的实在性推出感官对象的非实在性来的。在回答这些问题时，神秘论者就被引向了一种逻辑，这种逻辑又同巴门尼德、柏拉图和唯心主义传统的逻辑融合在一起了。

唯心主义传统的逻辑，正如可从第一讲中考察过的布拉德莱的范例中所看到的，已经逐渐变得非常复杂、非常深奥难解了。要想充分地讨论这种逻辑，我们就会无暇论及我们课题的其他方面了；因此，我们虽然承认对它值得做长篇的讨论，但只能对它的一些主要的学说作一点必要的批判，用以例示其他问题而已，而且我们将把注意力集中在诸如它对运动的连续性和时空的无限性的诘难上，这些诘难已由现代数学家们做了充分的回答，他们回答的方式构成了逻辑分析方法在哲学中的一个永久的胜利。这些诘难和现代对这些诘难的回答将在第五、第六和第七诸讲中论述。

贝克莱的批判，由于为感官、神经和大脑生理学所增强，因而是非常重要的。我想我们不能不承认，感官的直接对象的存在可能是依赖于我们的生理状况的，而且我们也必须承认，例如我们所见的有色的表面在我们闭上眼睛的时候可能就不复存在了。但若推论说它们是依存于人心的，在我们看它们时也不是实在的东西，或者说它们不是我们关于外部世界的知识的惟一基础，则是一个错误。这个方面的论证将在本讲中加以发挥。

我们将看到，物理学的世界与感官的世界之间的矛盾（这一点我们将在第四讲中考察）是表面的而非实在的，我们将指出，凡是在物理学上有理由相信的东西都可能根据感觉予以说明。

发现的工具完全是现代逻辑，这种逻辑是一门与教科书里讲的逻辑和唯心主义的逻辑大不相同的科学。我们在第二讲中对现代逻辑及其有别于各种传统逻辑的要点做过简略的说明。

在最后一讲中，在讨论了因果性和自由意志之后，我们将试图对科学哲学的逻辑分析方法作一概括的说明，对这种方法使我们对于哲学的进步所抱有的希望试做一个评价。

在本讲中，我想把逻辑分析方法应用于最古老的哲学问题之一，即我们关于外间世界的知识的问题。关于这个问题我要说的东西并不等于一种确然独断的回答；它只是对所论的一些问题做一分析和陈述，并指出可在其中找到证据的一些方面。但是，尽管这还不是一种确定的解决，此刻所能说的东西在我看来却给这个问题提供了一种全新的阐明，这不仅为寻求解答所必需，而且对于预先指出我们的问题有哪些部分可得一确定的回答这个先行的问题也是不可缺少的。

对每个哲学问题的研究，我们都是从可称为“材料”的东西出发的，所谓材料我是指普通认识的东西，它们像普通的认识一样总是模糊的，复杂的，不精确的，然而不知道怎么的却能得到我们的同意，认为整个说来和从某种解释来看它们确定无疑是真的。就我们现在讨论的问题来说，所涉及的有各种不同的普通认识。首先是对日常生活的特殊对象（家具、房屋、市区、其他的人们，等等）的亲知。其次是这种特殊的知识通过历史、地理、新闻等等扩大到超出我们亲身经验的特殊事物。最后是借助于自然科学把所有这种特殊事物的知识加以系统化，自然科学由于具有预言未来的惊人能力而获得了令人信服的巨大的力量。我们非常乐于承认，这种知识可能在细节上有错误，但是我们相信可以通过曾经使我们产生信念的那些方法来发现和校正它们，而我们并不像只讲实用的人那样姑且假定整个知识大厦可以建筑在不可靠的基础上。因此，大致说来，如果不对任何特殊的部分抱绝对独断的态度的话，我们可以承认普通认识的大部分为我们哲学的分析提供了材料。

人们可能会说（这是我们一开头必然碰到的一个反驳），哲学家的任务就是要对公认为容易发生错误的日常生活的信念提出疑问，并代之以某种更可靠而无可辩驳的东西。在一种意义上说，这是对的，而且在一种意义上说，这个任务在分析的过程中实现了。但是，在另外一种非常重要的意义上，这是完全不可能的。我们承认对我们的一切普通的认识都可以怀疑，然而我们又必须接受这种知识的主要部分，如果哲学要成为可能的话。哲学家所能获得的任何一种精细的知识都不可能给予我们一个立足点用以批判全部日常生活的知识。我们所能做的充其量不过是通过内在的精审细究去考察和纯化我们的普通认识，采纳借以获得普通认识的那些原则，并且更审慎更严谨地应用这些原则。哲学不能夸口已达到了如此之高的确实性，以致有权否弃经验事实和科学规律。因此，哲学的探究虽然在每个细节上是怀疑论的，但就整体来说却不是怀疑论的。这就是说，它对细节的批判只能基于诸细节间的关系，而不能基于可同样用于一切细节的某种外在的标准。之所以避免做全面的批判，并不是由于任何独断的自信，而是恰恰相反；并非普通认识必然是真的，而是我们没有从其他来源得来的根本不同的一类知识。普遍的怀疑论虽然在逻辑上是无法反驳的，但在实际上是无效的；因此，它只能给我们的信念加上某种犹豫不定的味道，而不可能用别的信念来代替它们。

材料虽只能用其他材料而不能用外在的标准来评判，但是在我们此刻列举的各种不同的普通认识中还是可以区别出不同等级的确实性的。不超出我们个人感觉亲知的东西对我们来说必是最确实的：一般地说，“感官的见证”是最不成问题的。依靠诸如得自典籍的历史地理的事实作为证据的东西，按照这种证据的性质和范围而有各种不同程度的确实性。怀疑拿破仑的存在只能被认为是一种玩笑，而关于阿伽门农的史实性则是一个正当的争论的题目。在科学中，我们也发现除了最高程度的确实性外，还有各种等级的确实性。引力定律，至少作为一种近似的真理，迄今已经得到了与拿破仑的存在同类的确实性，但晚近关于物质结构的推测，人们则普遍承认还只有很低的对它们有利的概率。属于不同材料的这些各种程度的确实性本身可看做我们的材料的构成部分；它们同其他材料一起，属于模糊、复杂和不确切的一套知识，哲学家的任务就是去分析这种知识。

在我们开始分析普通认识时，首先看到的是这种知识中有些是派生的，有些是原始的；这就是说，有些知识之为我们相信，是因为它们在某种意义上是从某种别的知识推论出来的，虽然未必是在严格逻辑的意义上推论出来的，而另外一些部分的知识之被我们相信则是由于其自身的原因而无需任何外部证据的支持。显然感觉提供后一种知识：视、触、听所感知的直接事实无需用论证来证明，而是完全自明的。不过，心理学家们已使我们知道，感觉中实际被给予的东西比大多数人会自然设想的要少得多，初看似乎是被给予的很多东西实际上是推论出来的。对我们的空间知觉来说尤其如此。例如，按照一可见对象的距离和我们的视点，我们本能地从这个对象的表面大小和形状推出其“实在的”大小和形状。当我们听见一个人说话时，我们的实际感觉常常漏掉了他所说的很多东西，而代之以无意识的推论；在听外语时，这个过程更加困难，我们觉得自己似乎变成了聋子，比如说，这就需要我们比在本国时更加靠近剧场的舞台。因此，对材料进行分析的第一步，即发现在感觉中被给予的究为何物，是充满困难的。但是我们不拟在这一点上拖延不前；只要我们承认了它的存在，那么，结果之精确与否在主要的问题上是不会造成非常之大的差别的。

我们的分析的下一步必然是对普通认识的派生部分之如何产生做一考察。在这里我们要陷入逻辑与心理学之间有点令人为难的纠葛。在心理学上，一个信念，无论是由一个或更多的其他信念引起的，还是由某种感觉的事实（这不单单是这个信念所断定的东西）引起的，都可以叫做派生的。这种意义的派生信念的产生通常是不需任何逻辑的推论过程的，而仅仅借助于观念的联合或某种同样是超乎逻辑的过程。从一个人的面部表情，我们判断他有何感情：我们说我们看到他在生气，而事实上我们看到的只是他皱着眉头。我们不是通过任何逻辑的过程判断他的心理状态。我们产生了这种判断，常常却不能说我们实际看到的是情感的哪种物理的标志。在这种情形中，知识是心理学上派生的；但是从逻辑上来说，在一种意义上它又是原始的，因为它不是逻辑推演的结果。导致这同一结果的一种可能的推演也许有，也许没有，但不论其有无，我们肯定并没有使用这样一种推演。如果我们把一个实际上不是由逻辑推论得到的信念叫做“逻辑上原始的”，那么有无数在心理学上是派生的信念在逻辑上就是原始的了。把这两类原始性加以区分，对我们现在的讨论是至为重要的。

当我们对在逻辑上而非在心理学上是原始的那些信念仔细加以思考时，我们就发现，如果经过仔细思考，我们并不能借助于逻辑的过程，从在心理学上也是原始的信念把这些信念推演出来，那么我们愈是思考它们，对它们的真理的确信就愈益减退。例如，我们自然相信，桌、椅、山、树在我们背身不看它们时，它们仍然在那儿。我一刻也不想主张情形确非如此，但是我的确主张，情形是否如此这个问题是不能以任何假设的明显性为理由立即解决的。认为桌椅山树继续存在这种信念，除了少数哲学家，在所有的人看来，都是逻辑上原始的信念，但不是心理学上原始的信念；在心理学上只有通过我们曾经看到过那些桌椅山树才会产生这种信念。因为我们曾经看到它们，是否就有权设想它们仍然在那儿？这个问题一旦认真地提出来，我们就感到必须提出某种论证，如果提不出任何论证，我们的信念就只能是一种虔诚的意见。对于感官的直接对象我们就不感到有这种必要：它们就在那儿，就其瞬间的存在而言，是无需任何进一步的论证的。因此，心理学上派生的信念较之原始的信念更需要加以证明。

因此，我们就要对我们可称之为“硬”材料和“软”材料的东西作一稍许含糊的区别。这种区别是程度上的，而且不是非强加不可的；但是这种区别即使不必看得过于认真，它却可以帮助我们把情况弄清楚。我所谓“硬”材料是指那些不受批判反思的消解影响的材料，“软”材料则是指经过反思过程的作用对我们的心灵或多或少变得可疑的材料。硬材料中最硬者有两种：特殊的感官事实和逻辑的普遍真理。我们对它们愈是加以反思，就愈是了解它们究为何物以及对它们的怀疑实际上究为何意，而它们就愈是变得明确无疑。甚至对这些材料也可能提出字句上的怀疑，但是在名义上正被怀疑的东西在我们的思想中实际上并不怀疑而且实际上只有语词呈现于我们心灵时，才会发生字句上的怀疑。我认为，在这两种情形中，真正的怀疑都会是病态的怀疑。无论如何，在我看来它们是全然确实无疑的，而且我想在这一点上你们是同意我的。没有这个假定，我们就有陷入那种普遍怀疑的危险，我们已经看到，那种怀疑是难以反驳的，也是无益的。如果我们要继续搞哲学，就必须对怀疑论的假设敬而远之，虽然承认怀疑论哲学之优雅明快，但是还必须进而考察其他一些假设，这些假设虽然也许并不确实可靠，但是至少像怀疑论者的假设一样有充分的权利受到我们的注意。

把我们对“硬”材料和“软”材料的区别应用于心理学上派生的而在逻辑上初始的信念，就会发现它们大都（如果不是全部的话）属于软材料之类。经过反思，可以发现它们是可以逻辑证明的，于是它们又变成被相信的东西而不复是材料了。它们虽然也值得受到某种程度的注意，但是作为材料是不能与感官事实或逻辑规律相提并论的。它们值得注意之处在我看来就是使我们有正当理由期望（虽非十分确信），硬材料会证明它们至少是可能的。而且即使我们发现硬材料丝毫无助于说明它们的真假，我认为我们偏向于假设它们是真的而非假的，也是正当的，不过，此刻我们只限于讨论硬材料，以期发现仅仅借助这些硬材料，可以构造出什么样的世界。

我们的材料现在主要是感官事实（即我们自己的感觉材料）和逻辑规律。不过即使最严格的考察也会容许在这个小小的库存中再加进一些东西。某些记忆的事实，尤其是近期记忆的事实，似乎具有最高程度的确实性。某些内省的事实像感官事实一样确实无疑。就我们目前的目的来说，对感官事实本身必须稍作宽泛的解释。有时必须把时空关系也包括在内，例如完全处于好似此刻之内的迅速运动的情形。某些比较的事实，例如两种色调的相似或不相似，肯定应包括在硬材料之内。我们也必须记得，硬材料和软材料的区别是心理的和主观的，因此，如果在我们自己的心外还有他人的心（这一点目前必须认为是可疑的），那么硬材料的目录对他人和对我们就可能是不同的。

某些普通的信念无疑是排除在硬材料之外的。使我们引进下面这种区别的那种信念就是如此，即一般感官对象在我们没有感知它们时仍继续存在。对他人的心的信念也是如此，这个信念显然是从我们对他人身体的知觉推引出来的，而且我们觉得一旦明白了它是推引出来的，就需要有逻辑的证明。对由他人的证言报道的东西（包括我们从书上学来的一切）的信念当然涉及他人是否具有心灵这个疑问。因此我们的再构造所由以开始的这个世界是非常支离破碎的。对这个世界我们所能说的最多不过是：它比笛卡儿以类似过程达到的那个世界略广，因为笛卡儿的世界只包含他自己和他的思想。

现在我们就能理解和陈述我们对外间世界的知识的问题，并除掉曾把这个问题的意义弄得含糊不清的种种误解了。这个问题实际上是：能否从我们自己的硬材料的存在推出不同于这些材料的任何东西的存在？但是在考察这个问题之前，我们来约略考察一下这个问题不是什么。

当我们在这个讨论中谈到“外间”世界的时候，我们一定不是指“空间上外在的”意思，除非我们是以一种特殊而难解的方式来解释“空间”。视觉的直接对象、装饰这个可见世界的有色的表面，是空间上外在的（就这个词的自然意义而言）。我们感觉它们“在那里”而不“在这里”；无需假定有一种不同于硬材料的存在，我们或多或少就能估计一个有色表面的距离。如果距离不是太大，那么在视觉中似乎就或多或少可能把它们大致提示给我们；但是不论情形是否如此，普通距离肯定只能借助感觉材料加以近似的估计。直接所予的世界是空间的世界，而且不能全然包含在我们自己的身体之内。因此我们对这个意义上的外在的东西的知识是毋庸置疑的。

这个问题常常是以另一种形式提出的，即“我们能否知道独立于我们自己的任何实在的存在？”问题的这种形式又有

“独立”和“自我”二词含混之弊。首先看一下“自我”，关于何者可算“自我”的部分，何者不是，是一个非常困难的问题。我们可从“自我”意指的其他许多东西当中择如下二者为特别重要的，即（1）思维和意识着对象的单纯主体；（2）如果我们的生命终结就必然不复存在的那些事物的总合。单纯的主体如果存在的话，乃是一个推论，而不是材料的一部分；因此在我们目前的研究中对“自我”的这个意义可以撇开不谈。“自我”的第二种意义很难弄得精确，因为我们几乎不知道什么东西的存在是依赖于我们的生命的。在这个形式上，“自我”的定义引进了“依赖”一词，这个词像“独立”一词一样提出了一些相同的问题。因此我们就谈一下“独立”这个词，然后再回到“自我”。

当我们说一个东西“独立”于另一个东西时，我们的意思可以是指这个东西离开那个东西而存在，在逻辑上是可能的，也可以是指这两个东西并无一个只能作为另一个的结果而出现的那种因果关系。就我所知，一个东西能够在逻辑上依赖于另一个东西的惟一情况就是另一个东西为这一个东西的部分。例如，一本书的存在逻辑地依赖于它的书页，没有书页就没有书。因此在这个意义上，“我们能否知道有独立于我们自己的任何实在的存在?”这个问题就归结为“我们能否知道我们的“自我”并非其一部分的任何实在的存在?”的问题。在这个形式上，问题又把我们带回到给“自我”下定义的问题；但是我认为，无论可给“自我”下什么定义，即使把它作为单纯的主体，也不能设想它是感官的直接对象的一部分；因此在问题的这个形式上，我们必须承认，我们能够知道独立于我们自己的实在的存在。

因果依存性的问题更困难得多。要知道一类事物在因果上独立于另一类事物，我们必须知道它实际上是在没有另一类事物的情形下发生的。非常明显，无论我们给予“自我”以什么合法的意义，我们的思想和感觉都是因果地依赖于我们自己的，即没有它们所属的“自我”，它们就不会出现。但是就感官对象来说，就不这么明显了；如我们已看到的，常识的观点的确是认为，这种对象在没有任何感知者在场时仍继续存在。果然如此，那么这些对象就是在因果上独立于我们自己的；若非如此，就不是在因果上独立于我们自己的。这样，在这个形式上问题就归结为我们能否知道感官对象或任何不是我们自己的思想和感觉的其他对象在我们没有感知它们时也存在着。在这个形式中，“独立”这个困难的字眼已不复出现，这就是我们刚才提出这个问题的那种形式。

上述形式的这个问题又提出了两个不同的问题，把这两个问题分开是重要的。一个问题是：我们能否知道，感官对象或极其类似的对象在我们没有感知它们时也存在着？另一个问题是：如果这一点不可能知道，那么我们能否知道，由感官对象推论出来的但不必与之相似的其他对象，无论在我们感知感官对象时或其他任何时候都存在呢？后面这个问题在哲学上是作为“物自体”的问题、在科学上是作为物理学假定的物质的问题提出来的。我们首先考察一下这个问题。

在感觉中我们觉得是被动的，这一事实使我们自然地设想我们的感觉有外在的原因。这里有必要首先把感觉和可感对象区别开来：(1) 感觉是一种心理的事件，是我们对可感对象的觉知；(2) 可感对象是我们在感觉中觉知到的那种对象。当我谈到可感对象时，一定要了解我并不是指像桌子这样的一种东西，这种东西是可见可触的，可被许多人同时看到，而且或多或少是持存不变的。我所谓可感对象只是指当我们注视桌子时瞬间看到的那一小片颜色，或者当我们按它时所感到的一定的硬度，或者当我们敲它时所听到的一定的声音。我把它们每一个都叫做一个可感对象，而把对它的觉知叫做感觉。我们的被动感如果真的提供了什么论证的话，那也只是有助于表明感觉有一外在的原因；这个原因我们自然应该在可感对象中寻找。因此到此为止并没有任何充分的理由假定，可感对象必有外在的原因。但是哲学上的物自体和物理学上的物质却是作为可感对象以及感觉的外在原因而出现的。这个共同见解的根据又是什么呢？

无论在哲学上还是在物理学上，我认为，这种见解都来自下面这样一种结合，即把认为能独立于我们的意识而持存的某物使自身在感觉中被认识这一信念同我们的感觉常常以似乎依赖于我们而非依赖于被认为独立于我们而持存的任何东西的方式变化着这一事实结合起来。首先，我们不加反思地相信，一切事物都是其看来所是的那样，如果我们闭上眼睛，我们已看到的那些对象，虽然我们不再看它们，也依然还是原来的样子。但是有一些论证是反对这种观点的，一般认为这些论证是确实不容辩驳的。要明白这些论证恰恰证明了什么，是异常困难的；但是我们若要对外间世界的问题做出任何进展，我们就必须努力下决心去讨论一下这些论证。

一张桌子从一个位置看和从另一个位置看呈现的现象不同。这是常识的说法，但是这个说法已经假定了有一个实在的桌子，我们看到的是它的现象。我们且试试只根据可感对象而不用任何假设的成分来陈述所知的东西。我们发现，当我们绕着桌子走的时候，我们感知到一系列逐渐变化着的可感对象。但是在我们说“绕着桌子走”的时候，我们仍然保留着这个假设，即有一个与所有这些现象相联系的单独的桌子。我们所应该说的是：当我们具有那些使我们说我们正在走的肌肉感觉和其他感觉时，我们的视觉在连续地变化着，从而（例如）使一个明显的颜色小片并不突然地被某种全然不同的东西所代替，而是被代之以具有稍稍不同形状、浓淡程度难以觉察的一些略有差别的颜色。这就是我们的思想在摆脱了关于虽有变易不定的现象然而常住不变的“事物”的假设时根据经验所实际知道的一切。我们实际知道的东西乃是肌肉感觉和其他肉体感觉同视觉变化的一种相互关系。

但是绕着桌子走并不是改变它的现象的惟一方式。我们可以闭上一只眼睛，或者戴上蓝色眼镜，或者通过显微镜去看。所有这些活动都以不同的方式改变了我们称为桌子的现象的视觉现象。较远的对象也会改变它们的现象，如果（像我们所说的）周围状况发生变化（起雾、下雨或天晴）的话。生理学的变化也改变事物的现象。如果我们假定了常识的世界，那么所有这些变化，包括那些归诸生理学原因的变化，都是在介质中的变化。要把这一套事实归结为其中除了可感对象不假定任何东西的形式，就不像前面那种情形那么容易了。介乎我们自己和我们所见事物之间的任何东西都必然是看不见的，我们在任何方向上看见的东西都受到最近的可见对象的限制。人们也许反驳说，例如，尽管我们能通过眼镜看事物，但是眼镜上的污渍还是可见的。但是在这种情形下我们实际看到的是一个玷污了的混杂物：眼镜上较脏的污点是可见的，而干净的部分则是看不到的，因而使我们能看到在它之外的东西。因此只靠视觉不可能发现介质对事物现象的影响。

以蓝色眼镜为例，这是最简单的例子，但可作为其他事例的一个典型。眼镜框当然是可见的，但是蓝色镜片（如果是洁净的）不是可见的，我们说蓝在镜片上，但显得是在通过镜片所看到的对象上。镜子本身是通过触觉被我们知道的。为了知道它介于我们和通过它所见的对象之间，我们必须知道如何使触觉空间与视觉空间相互关联起来。这种相互关系本身，如仅以感觉材料来陈述，绝不是一件简单的事情。但是它并没有任何原则上的困难，因而可以认为是已经完成了的。当它已完成之时，我们就有可能把一种意义加之于这个论断，即我们能够触摸的这个蓝色镜子是介于我们与我们所说的“通过”它所见的对象之间的。

但是我们还没有把我们的陈述完全归结为感觉中实际所予的东西。我们陷入了这样一个假定：我们在触摸蓝色眼镜时所意识到的那个对象，在我们不再触摸眼镜之后，也仍然存在。只要我们在触摸着眼镜，通过所触的部分（这是我们在那里直接知道有某种东西的惟一的部分）我们能够看到的除了我们的手指之外没有任何东西。如果我们要解释通过眼镜所见而不同于眼镜的那些对象的蓝色现象，看来我们似乎就必须假定，当我们没有触摸眼镜时，眼镜也仍然存在；如果这个假定确是必要的，那么我们的主要问题就得到解答了：我们具有认识并非感觉所给予然而与先前感觉所给予对象同类的对象之当前存在的手段。

然而，人们可能提出疑问：这个假定虽然是最自然做出的假定，但是它是不是实际上不可避免的？我们可以说，我们在触摸眼镜时所觉知到的对象以后继续有影响，虽然它不复存在了。根据这个看法，人们假定的可感对象在其已不再可感之后的继续存在是从其仍有影响这一事实所做的一个谬误推论。人们常常以为，任何已不复存在的东西都不可能继续有影响，但这是由错误的因果概念造成的一个纯粹的偏见。因此，我们不能以先天的不可能为根据去掉我们现在的假设，而必须进一步考察这个假设能否真正解释事实。

人们可能会说，我们的假设在蓝色镜片根本未被触摸的情况下是无用的。在那种情况下，我们须如何解释对象的蓝色现象呢？说得更概括些，我们究竟要用这些假设的触觉说明什么？我们把这些假设的触觉同未被触摸的可见对象联系起来，我们知道，如果我们愿意，这些对象就会被证实，虽然事实上我们并未证实它们。这些假设的触觉一定不属于这些对象所恒常具有而为触摸所显示的那些特性吗？

我们先考察一下这个更概括的问题。经验告诉我们，凡是看到某种有色表面的地方，就能用触摸得到某种预期的软硬、可触形状等等的感觉。我们由此而相信，被看到的东西通常是可触的，而且不论我们是否触摸它，它都具有软硬，如果我们触摸它，就可望感到它的软硬。但是我们能够推出我们会有什么软硬感觉这单单一个事实就表明：假定在其被感觉之前就有这些可感触的性质，并不是逻辑上必然的。我们实际知道的只是：所说的这种视觉现象连同触摸一起会引致某些感觉，这些感觉必可用视觉现象加以规定，否则它们就不可能从视觉现象推论出来。

现在我们可对有关蓝色眼镜的经验事实作一陈述，这个陈述将对常识信念提供一个解释，而又并不假定在可感对象是可感觉的时候还有任何超出其存在的东西。根据触觉和视觉相互关系的经验，我们已能把触觉空间上的某个位置同视觉空间上的某个位置联系起来。有些时候，即在透明的东西的情形中，我们看到，在触觉空间上有一可触的对象而在相应的视觉空间上却没有任何可见的对象。但是在如蓝色眼镜这样的情形中，我们发现，任何对象如在同一视线上的空的视觉位置之外可以见到，它就具有另外一种颜色，与它在没有任何可触对象处于中介触觉位置时所具有的颜色不同；我们在触觉空间上移动可触对象，蓝色小片就在视觉空间上移动。在我们对一个中介的可触对象缺乏任何感性经验时，如果我们看到一个蓝色小片在视觉空间上这样移动，我们无论如何会推论说，如果我们把手放在触觉空间的某个位置上，我们就会经验到某种触觉。如果我们要避免不可感觉的对象，那么，当我们说蓝色眼镜处于某个位置，虽然我们并未触摸它们，而且我们只看到通过眼镜的中介而变成蓝色的其他事物，我们就必须把上面这一点作为我们的全部意义。

我认为，可把下述一点作为普遍的原则，即就物理学或常识是可证实的而言，它必可仅用实际感觉材料来解释。理由很简单，证实总是在于一个预期的感觉材料的出现。天文学家告诉我们将有月食。我们注视月亮，发现地球的影子侵入月亮，就是说，我们看到与平常满月时非常不同的一种现象。如果预期的感觉材料构成证实，那么我们所做的断定必然是关于感觉材料的；或者，无论如何，如果被断定的东西有一部分不是关于感觉材料的，那么就只有其他部分是被证实了的。事实上关于感觉材料的出现是有一定的规则性或符合规律性的，但是在某个时候出现的感觉材料常常与在完全不同的时候出现的那些感觉材料有因果的联系，而与在相近的时候出现的那些感觉材料却没有联系或至少没有非常紧密的联系。如果我望见月亮，之后立即听见一列火车开来了，那么在我这两个感觉材料之间是没有什么非常紧密的因果联系的；但是如果我在一周内两个晚上分别望见月亮，那么在这两个感觉材料之间就有一种非常紧密的因果联系。对这种联系的最简单或至少是最容易的陈述是通过想象有一个“实在的”月亮而得到的，只要有一系列可能的感觉材料，不论我们是否望见它，这个“实在的”月亮就继续存在，而在这些可能的感觉材料中，只有在我打算望月亮的那一刻出现的那些感觉材料才是现实的感觉材料。

但是这样得到的证实，其程度是非常之小的。必须记住，我们目前怀疑的程度使我们不能随意接受证据。当我们听到某些声音，这是我们想要表达某种思想时也会发出的那种声音，我们就假定在另一个人的心中也有那种思想或非常相似的思想并且产生了我们听到的那种声音表达。如果我们同时还看到一个与我们自己的身体类似的身体，像我们说话时动我们的嘴唇一样，那个身体也在动它的嘴唇，我们就不能不相信，它是活的，当我们不看它时，它内部的感情也继续存在。当我们看见一个朋友把一个重物掉到他的脚趾上，并且听见他说我们在类似情况下也会说的话，这种现象无疑能被解释而无需假定他决不是我们所见所闻的一系列形状和声音，但实际上没有人受哲学的毒如此之深以致不能确信他的朋友也感到他自己会感到的同一种疼痛。我们过一会儿将考察一下这个信念的合法性；此刻我只想指出，正如我们认为月亮在我们不看它时也存在的信念需要证明一样，这个信念也需要同类的证明，没有这样的证明，听来或书上读来的证词都只是一些声音和形状，而不能被看作是它所报道的事实的证据。因此在目前水平上可能达到的物理学的证实只能是凭个人的肉眼观察所能达到的那种程度的证实，而个人肉眼观察的证实是不会使我们在建立整个一门科学上前进很远的。

在继续讨论之前，我们且把已经谈过的论证总结一下。我们讨论的问题是："能否从我们自己的硬材料推出这些材料之外的任何东西的存在？"以下述的形式陈述这个问题是错误的，即"我们能否知道我们自己和我们的状态之外的任何东西的存在？"或"我们能否知道独立于我们自己的任何东西的存在？"因为给"自我"和"独立"精确地下定义是极端困难的。我们感到的感觉的被动性是无关紧要的，因为即使说它证明了什么东西，那么它也只是证明了感觉是由可感对象引起的。自然的素朴信念认为，所见的事物在不被看见的时候也正如或近似它们被看见时所显现的那样继续存在着；但是这个信念已趋于被下述事实所否定，即常识认为是一个对象的现象的东西随着常识认为是着眼点和介质（这包括我们自己的感官、神经和大脑）的变化而变化，如刚才所说，这个事实是假定了常识的稳固的世界，而又宣告它成了问题；因此，在我们可能发现它对我们的问题确有影响之前，我们必须找到一种方法来陈述它，这种陈述不包含它预定要使之成为疑问的任何假定。于是我们所找到的经验的纯粹结果就是：某些感觉材料的逐渐变化与其他某些感觉材料的逐渐变化相关联着，或者（在身体运动的情形中）与其他感觉材料本身相关联着。

关于可感对象在其已不复可感时仍继续存在的假定（例如说由触摸发现的一个可见物体的硬性在该物不再被触摸时仍继续存在）可代之以下面这个陈述：可感对象的结果仍然存在，就是说，现在发生的东西在许多情况下只能通过对先前发生的东西的解释来加以说明。在常识和物理学提供的关于世界的解释中，凡是人们可借亲身的经验证实的一切都可用某种这样的方法加以说明，因为证实仅仅在于一个预期的感觉材料的出现。但是依赖于无论听来或读来的证据的东西则不可能用这种方法来解释，因为这种证据依赖于我们自己心灵之外的他人的心，因而需要一种对并非感觉所予的某物的知识。但是在考察我们对他人的心的知识问题之前，我们先回到物自体的问题，即回到这种理论，它认为在我们并未感知某一可感对象时存在着的东西乃是与可感对象全然不同的某种东西，是与我们和我们的感官一起引起我们的感觉然而其本身绝非感觉所予的某种东西。

当我们从常识的假定出发时，由于被认为是一个对象的东西具有变化不定的许多现象而引起的困难很自然地产生了物自体的概念。人们认为，例如桌子引起我们视觉和触觉的感觉材料，但这些感觉材料既然因着眼点和介质而发生改变，那么桌子就必然与它引起的这些感觉材料完全不同。在这个理论中有一种混淆的倾向，即把作为心理现象的感觉和感觉对象相混淆，由此而使它似乎具有某种道理。一小片颜色即使只在被看时才存在，仍然是某种完全不同于对它的看的东西：对它的看是心理的，而颜色小片则不是心理的。但是，这种混淆可以避免而未必就抛弃了我们所考察的这种理论。我认为，对这种理论的驳斥在于它不认识它指出的那些困难所要求的再构造的根本性质。除非我们已经构造出一个比短暂的感觉世界更稳固的世界，我们就不能合法地谈论着眼点和介质上的变化。我希望，我们对蓝色眼镜和绕着桌子走的讨论已经把这一点弄清楚了。但是关于所要求的再构造的性质则仍然远未弄清楚。

尽管就其陈述的说法而言，我们对上述理论不能满意，但是我们还是应该相当注意地讨论它，因为它是物理科学和生理学建基其上的理论纲要，因此必能得到真正的解释。我们就来看一看如何作出这种解释。

首先要了解的是：根本没有“感官幻觉”诸如此类的东西。感官对象即使出现在梦中也是我们所知道的最确实无疑的实在对象。那么是什么使我们称它们为梦中不实在的对象呢？只是因为它们同其他感官对象的联系具有异常的性质。我梦见自己在美国，但是醒来发现自己却在英国，其间并没有经历远渡大西洋的那些日子，然而对美国的一次“真实的”访问可是同在大西洋上度过的日子不可分地联系着的啊！当一些感官对象同其他感官对象具有经验使我们认为正常的那种联系时，我们就称这些感官对象是“实在的”；如果缺乏这种联系，我们就称它们为“幻觉”。但是幻觉的东西不过是它们引起的一些推论；它们本身则与醒时所感的对象一样是完全实在的。反过来说，醒时生活的可感对象决不能被视为当然比梦中的那些对象具有任何更本质的实在性。做梦和醒时生活在我们最初致力于构造时必须同等对待；只有根据某种并非仅仅可感的实在性来看才能认为梦是不实在的。

承认了感官对象具有确实的瞬间的实在性，其次要注意的就是由其可变性而来的驳难所基于的那种混淆。当我们绕着桌子转时，桌子的样相就随之而变；但是人们认为既不能说桌子在变，也不能说桌子的各种不同的样子“实际上”会都存在于同一地点上。如果我们压住一只眼球，我们会看见两张桌子；但是人们认为说“实际上”有两张桌子是荒谬的。然而，这样一些论证似乎都包含着一个假设，即可能有某种比感官对象更实在的东西。如果我们看见两张桌子，那么就有两张视觉的桌子。一点不错，我们同时又借触觉发现只有一张可触的桌子。这就使我们宣称这两张视觉的桌子乃是一种幻觉，因为通常是一个视觉的对象相应于一个可触的对象。但这样说的正当理由只是：在这种情形中，触觉和视觉相互关联的方式是异乎寻常的。如果桌子的样相随着我们绕着它转而改变，因而据说不可能在同一地点有如此之多的不同的样子，那么回答是简单的：谈论桌子的批评家所谓“同一地点”又是什么意思呢？使用“同一地点”这个词就是预先假定我们的一切困难都已解决了；然而，除了联系到某一套短暂的感觉材料，我们是没有权利谈论“地点”的。当一切都由于一种身体的运动而改变时，任何地点都不会依然如故。因此，如果存在这种困难的话，那么它至少是没有被正确地陈述。

现在我们采取一个新的方法重新来讨论这个问题。我们不探讨可借以解释感官世界的最低限度的假定，而是要构造一个对事实的可能的（而非必然的）解释，以获得一个有助于想象的假设模式。于是我们也许可能把我们的假设中多余的东西去掉，而仅留下可作为对我们的问题的抽象答案的一点残余。

我们且想象一下，正如在莱布尼茨的单子论中那样，每个心灵都是从其特有的观点来看世界的；而且为了简便，我们只谈视觉，而把缺乏视觉的心灵撇开。每个心灵在每一瞬间都看到一个极其复杂的三维的世界；但是绝对没有任何东西同时被两个心灵看到。当我们说两个人看到同一事物时，我们总是发现，由于着眼点不同，他们直接感知的对象是有差异的，不管这种差异多么小。（这里我假定了见证的有效性，但是由于我们只是构造一种可能的理论，因而这个假定是合法的。）因此一个心灵所见的三维的世界与别的心灵所见的世界没有任何共同的地点，因为地点只能由在此地点上或在其周围的东西来构成。因此，尽管不同的世界有差异，我们仍可设想，每个世界都完全恰如其被感知的那样存在着，而且即使不被感知也会恰如其被感知的那样。我们还可以设想，有无数事实上未被感知的这样的世界。假如有两个人坐在一间屋子里，就有两个多少相似的世界被他们所感知；假如有第三个人进来坐在他们中间，就有介乎前两个世界之间的第三个世界开始被感知。诚然我们不能合理地设想这个世界先前就已存在。因为它是受这个新来的人的感官、神经和大脑的制约的；但是我们可以合理地设想，从那种着眼点来看，这个世界的某种样相已经存在了，虽然没有人感知它。被感知和未被感知的世界的一切景象所构成的系统，我将称之为“视景”系统；“私有的世界”一词则仅指实际被感知的世界景象。因此一个“私有的世界”就是一个被感知的“视景”；但是可能有不知多少个未被感知的视景。

我们发现，有时两个人感知的视景非常相似，相似到两人可用同样的一些词去描述它们。他们说他们看到同一张桌子，因为他们看到的两张桌子之间的差别极小而且实际上是不重要的。因此有时我们可以根据一个视景的大量事物与另一视景的大量事物之间的相似性建立一种相互关系。当它们具有极大的相似性时，我们就说这两个视景的着眼点在空间上几乎是并在一起的；但是它们在其中几乎并在一起的这个空间与这两个视景之内的空间是完全不同的。前者是这两个视景间的一种关系，既不在这个视景之内，也不在那个视景之内；没有人能感知它，若要知道它，只能通过推论。在两个被感知的相似的视景之间，我们可以想象有整个一系列的别的视景，其中至少有一些是未被感知的，因而在无论多么相似的两个视景之间仍然有其他更相似的视景。这样，由诸视景的关系构成的空间就能成为连续的和三维的（如果我们愿意的话）。

现在我们就可以把常识的瞬间的“事物”与其瞬间的现象相对来加以定义了。借助于相近视景的相似性，我们可以把一个视景中的对象与另一视景中的对象即相似的对象互相关联起来。假定在一个视景中有一对象，把一切视景中与这一对象相互关联的一切对象的系统组织起来，这个系统就可以看做是常识的瞬间的“事物”。因此一个“事物”的一个样相乃是这个样相系统（它就是这一瞬间的“事物”）的一个分子。（不同视景的时间的相互关联产生了相对论所考虑的那种复杂性，但我们此刻可以撇开不谈。）一个事物的一切样相都是实在的，而事物却是一个纯粹的逻辑构造。然而，它具有在不同着眼点间处于中立而且可为不止一人所见的优点，这里所谓可见是仅就其经常可见，即每人可见其一个样相而言的。

我们将可看到，每个视景有其自己的空间，然而以这些视景本身为其分子的空间则只有一个。有多少视景就有多少私有的空间；因此至少有多少感知者，就有多少私有的空间，而且还可能有不知多少私有的空间，它们具有一种纯粹质料的存在而且未被任何人看到过。但是只有一个视景空间，其分子就是一个个的视景，每个视景则有其自己的私有的空间。现在我们必须说明一个单独的视景的私有空间是如何与这个囊括一切的视景空间相互关联的。

视景空间是私有空间（视景）的“着眼点”的系统，或者由于“着眼点”尚未被定义，我们也可以说视景空间就是私有空间本身的系统。这些私有空间每个都可看作视景空间中的一个点，或无论如何可看作它的一个分子。这些私有空间由其相似性而列成次序。例如，假定我们从一个含有可称为铜币的圆盘状现象的私有空间出发，并假定这个现象在所谈的视景中是圆形的而非椭圆形的，于是我们就可以构成一整个系列的视景，这些视景又含有一系列不同程度的各种大小的圆形的样相。为此我们只需（如我们所说的）移向这个铜币或离远这个铜币就可以了。这个铜币在其中看似圆形的那些视景可以说都在视景空间中的一条直线上，它们在这条线上的次序就是这些圆形样相的大小的次序。而且这个铜币在其中看似大的那些视景可以说比它在其中看似小的那些视景更切近这个铜币。不过我们必须注意这个论断并在下面加以考察。我们还要注意，铜币之外的任何其他“事物”都可选来规定我们的视景在视景空间中的关系，而且经验表明这样可以得到同样的视景空间次序。

为了说明私有空间与视景空间的相互关系，我们首先必须说明“一个事物所在的（视景空间中的）地点”是什么意思。为此我们且再来考察一下在许多视景中显现的这个铜币。我们把这个铜币在其中看似圆形的那些视景做成一条直线，而且我们都同意，这个铜币在其中看似大些的那些视景可认为更切近这个铜币。我们还可以把这个铜币在其中从一端看好像有一定厚度的一条直线的那些视景做成另一条直线。这两条线在视景空间的某个地点上即在某个视景中相交，这个视景就可定义为“这个铜币所在的（视景空间中的）地点”。当然为了把这条线延伸到它们相交的这个地点，除了这个铜币之外我们还必须利用别的一些东西，因为经验告诉我们，如果我们太靠近这个铜币以致它接触到我们的眼睛，这个铜币就不会再呈现任何现象了。但是这一点并不引起任何困难，因为从经验来看，这些视景的空间次序是独立于被选来规定这种次序的那些特殊“事物”的。例如，我们可以把原来这个铜币移开，再分别放上两个别的铜币，使其中一个的样相在原来铜币为圆形的地方也呈圆形，另一个的样相在原来铜币为直线的地方也呈直线形，由此使那两条直线的每一条都延伸到它们的相交处。因此就只有一个视景，这两个新的铜币有一个在其中看似圆形，另一个则看似直线形。根据定义，这就是原来铜币在视景空间中的地点。

当然，上面只是一个粗略的概述，说明得到我们的定义的方法。对铜币的大小这个定义略而未谈，而且它假定我们可以移开这个铜币而不受其他事物位置上同时发生的任何变化的干扰。但是这样一些细节并无碍于原则，而只能在其应用上搞得复杂而已。

我们既已给作为一个事物所在地点的视景下了定义，就可以了解所谓一个事物在其中看似大的那些视景比它在其中看似小的那些视景更切近这一事物是什么意思：实际上，这就是说前者更切近于为这一事物所在地点的那个视景。

现在我们也可以说明私有空间与视景空间各部分之间的相互关系了。如果在某一私有空间中某物有一样相，那么我们就把这个样相在私有空间中的地点同这个事物在视景空间中的地点相互关联起来。

我们可以把“这里”定义为在视景空间中被我们的私有世界占据的地点。由此我们就可以了解所谓一个事物邻近或远离“这里”是什么意思了。一个事物邻近“这里”意即它所在的地点邻近我的私有世界。我们也可以了解所谓我们的私有世界在我们的头脑之内是什么意思了；因为我们的私有世界是视景空间中的一个地点，而且可能是我们的头脑所在的地点的一部分。

我们将看到，视景空间中有两个地点是和一个事物的每一样相联系着的，即这个事物所在的地点和以该样相为其部分的那个视景的地点。一个事物的每一样相都是两类不同样相的一个分子，这两类样相，一是这个事物的各种不同的样相，其中最多只有一个显现于任何一个已知的视景中；二是以该样相为其分子的视景，即这个事物在其中具有该样相的那个视景。物理学家自然按前一种方法给样相分类，心理学家则按后一种方法分类。与一个单独的样相相联系的这两个地点对应于给这个样相分类的两种方法。我们可以把这两个地点区分为这个样相在那里显现的地点和这个样相从那里显现的地点。“在那里显现的地点”是这个样相所属的事物的地点；“从那里显现的地点”是这个样相所属的视景的地点。

我们现在来尽力说明下面这个事实，即一个事物在某一地点上呈现的样相是受介质影响的。一个事物在不同视景中的样相可以看作是从这个事物所在的地点向外扩散的，当其离这个地点愈来愈远时就发生种种的变化。要把样相变化的规律陈述出来，我们不能只考虑邻近这个事物的那些样相，而是也必须考虑处于这些样相从那里显现的那些地点上的那些事物。因此，这个经验的事实可用我们的构造来解释。

我们现已构造出一个多半是假设的世界图景。它包容并整理安排经验的事实，包括来自见证的那些事实，我们略费气力就可以用已经构造的这个世界去解释粗糙的感官事实、物理学事实和生理学事实。因此这个世界是一个可能真实的世界。它与事实相符，没有任何与之相反的经验证据；而且也没有逻辑上的不可能性。但是我们是否有充分的理由认为它是实在的呢？这又把我们带回到原来的问题，即关于相信在我的私有世界之外有任何东西存在的根据问题。从我们假设的构造得到的结论是：没有根据否定这个信念的真实性，但是我们也没有得来任何积极的根据支持这个信念。我们将再提出关于见证和他人心灵存在的证据问题来继续进行这个研究。

首先我们必须承认，支持他人心灵存在的论证不可能是断然无疑的。梦幻的人物似乎也有一个心灵，一般地说是一个令人讨厌的心灵。它会给我们出乎意料的回答，拒不顺从我们的愿望，并表现出我们醒时所习见的那种智能的一切其他征象。然而，当我们醒时，我们并不相信这个梦幻的人物像人们醒时的那些现象一样是一个私有世界的代表，不过这个私有世界不是我们直接可及的。如果对于我们醒时所遇见的人们，我们相信这一点，那么这必然是建立在某种缺乏证明的根据之上的，因为显然我们所谓醒时生活可能只是一场异常持久的反复出现的噩梦。他人对我们说的一切，我们在书上读到的一切，一切使我们排忧解闷的日报、周刊、月刊、季刊，一切关于肥皂的广告，以及政治家们的一切演说，也许都是我们的想象产生的。这可能是真的，因为你不可能证明它是假的，虽然没有人真正相信它。是否有任何逻辑的根据认为这种可能性是不可能的呢？或者说是否没有任何超出习惯和成见的东西呢？

就我们最初使用他人心灵这个词的非常广泛的意义而言，他人心灵是属于我们的材料的。这就是说，当我们最初开始反思时，我们发现自己已经相信它们的存在，这不是由于任何论证，而是因为这个信念对于我们是自然的。无论如何，它是一个心理上派生的信念，因为它是从对人体的观察得来的；同其他一些这样的信念一样，它并不属于最硬的硬材料，而由于哲学反思的影响，它变成一个十分可疑的东西，致使我们希望有某种论证能把它与感官事实联系起来。

明显的论证当然来自类比。他人身体的行为与我们有某种思想和情感时身体的行为是一样的；因此，通过类比，人们自然地设想，他人的这些行为像我们自己的行为一样与思想和情感有联系。有人说："当心！"而且我们发现自己正处于有被一辆摩托车撞毙的危险当口，因此我们就把我们听见的这个话归之于首先看见摩托车的这个人，在这种情形下，就有一些我们并未直接意识到但确实存在的东西。但是这全部的情景以及我们的推论也会在梦中出现，在这种情形下，推论一般就被认为是错误的。当我们认为自己醒着时，是否就有任何东西使这种类比推论更切实可信呢？

醒时的推论之优于梦中的推论，只是因为它具有更大的范围和前后一致。假若有人每天晚上必梦见一群白天从未见过的人，这些人有前后一致的性格，并随着岁月的流逝而逐渐变老，那么这个人就会像卡尔德隆[①]剧本中的那个人一样，感到难以判定哪是梦幻世界，哪是所谓"实在的"世界。我们的梦既不能彼此形成一个首尾一贯的整体，也不能与醒时生活融贯一致，我们之认为梦非真实，只是因为这一点。在醒时生活中我们看到一定的齐一性，而梦则似乎是完全无定的。自然的假设当会认为，在我们睡着时，守护神和死者的精灵来探望我们；但是现代人通常都拒绝接受这个观点，虽然很难看出可以说些什么来反对它。相反地，神秘主义者在顿悟的一刹那，则似乎是从一场充满他全部人世生活的大梦中醒觉过来：整个感官世界变成虚幻，他带着清晨梦醒后的那种澄明和确信看到了一个与日常忧患纷扰的世界全然不同的世界。有谁来斥责他？又有谁来为他辩护？或者有谁会证明我们以为自己生活于其间的那些普通事物似乎具有的坚固性呢？

我认为，必须承认他人具有心灵这个假设是不可能从类比论证得到任何非常有力的支持的。同时，它是一个把大量事实系统化而又绝未导致有理由认为假的任何结论的假设。因此没有任何理由否定它的真实性，却有充分的理由把它用做一个工作的假设。一旦承认了这个假设，就能使我们扩大由见证得来

① 卡尔德隆（1600—1681），西班牙戏剧家和诗人。——译注

的对感官世界的知识，从而引致我们在假设构造中所采纳的私有世界的体系。事实上，不论我们哲学家们如何想，我们都不能不相信他人的心灵，因而我们的信念是否被证明是正确的这个问题只有一种思辨的兴趣。如果它是正确的，那么把我们的知识大大地推广而超出在科学和常识中发现的我们自己的私有材料之外，就没有更多的原则的困难了。

上面这点不算充分的结论决不是我们这个冗长讨论的全部结果。对感觉和客观实在的联系问题，人们通常是从一种并不像我们那样把最初的怀疑推到如此之远的观点出发来讨论的；大多数作者都自觉或不自觉地假定他人的见证是应该承认的，因此（至少暗含地）假定他人是具有心灵的。但是在承认了这些之后，困难却来了：一个物理对象同时呈现给两个人的现象是不同的，或者一个对象在两个时间呈现给同一个人的现象也是不同的，而在这两个时间之间是不能设想这个对象已然变化了的。这样一些困难曾使人们怀疑依靠感觉究竟能在多大程度上认识客观实在，而且使人们设想有一些积极的论证来反对那种认为客观实在可为感觉所知的观点。我们提出的假设的构造就回答了这些论证，并且表明：我们可以一种逻辑上无可指责的方法解释常识和物理科学所给予的世界，并为一切感觉材料，包括硬材料和软材料，找到一个位置。这个假设的构造及其与心理学和物理学之一致，就是我们的讨论所得到的主要成果。也许我们只需部分地把这个构造作为起始的假定，而且我们可以借助下面以点、瞬、微粒的定义例示的那些逻辑的方法从更少的材料得到这个构造；但是我还不知道可以把我们的起始的假定减少到什么程度。

第四讲　物理学世界和感官世界

对感觉对象的实在性提出反对，有一个论点是从物理学所见的物质和感觉所见的物质显然有别而得出的。科学家大都要指责直接材料是“纯粹主观的”，同时又还坚持从这些材料推论出来的物理学的真理性。这种态度虽然也许可能有正当理由，但是它显然需要提出理由；而可能有的惟一的理由必然表明物质为感觉材料的逻辑构造，除非确有某种纯粹先天的原则可借以从已知的东西推论出未知的存在物。因此必须找到某种方法把物理学世界和感官世界的鸿沟沟通起来，本讲就是讨论这个问题的。物理学家们似乎没有意识到这个鸿沟，心理学家们虽然意识到这个鸿沟，但缺乏弥补这个鸿沟所需要的数学知识。这是一个困难的问题，对它的解决我也知之不详。我能希望去做的只是使人们感到这个问题，并指出解决的方法。

我们首先对这两个显著不同的世界作一简略的描述。我们先谈一下物理学的世界，因为虽然感官世界是被给予的，而物理学的世界是推出来的，但是现在对我们来说，物理学的世界却是更熟悉的，纯粹的感官世界则已变得陌生而难以再发现了。物理学是从对非常持久和固定的物体（桌、椅、石、山、大地、日、月）的常识信念出发的。应当注意，这个常识信念是大胆的形而上学理论化的一个例子；对象并不连续不断地呈现于感觉，人们会怀疑当它们不被看见或感觉时是否也在那里存在着。从贝克莱时代以来，这个问题一直是尖锐的，但是被常识忽视了，因而至今也被物理学家们忽视了。因此在这里我们就有同直接感觉材料的最初的背离，虽然这是仅仅通过延伸而来的背离，而且可能是我们的野蛮祖先在极其遥远的史前时期造成的。

但是桌椅山石并不是非常持久、非常固定的。桌椅掉了腿，石头被冰霜侵蚀分解，高山由于地震或火山爆发而断裂。还有其他的东西，似乎是物质的，然而几乎没有什么持久性或固定性。例如，呼吸的气、烟、云，就是这样的东西，冰和雪在较小的程度上也是这样的东西；河流和海洋虽然非常持久，但毫不固定。人们认为呼吸的气、烟、云以及一般可见而不可触的东西很难说是实在的；直到今天人们还认为可见而不可触是幽灵的一个普通的特征。这种对象的特殊之处在于它们似乎是彻底消失，而不仅仅是转化为别的东西。冰雪消失，被水所代替；无需在理论上作多大努力就可以作出这个假设：水和冰雪乃同一之物，惟形式不同。固体物破裂成许多部分，这些部分的形状、大小实际上同先前一样。一块石头可被砸成碎粉，但组成这碎粉的碎粒仍保存其粉碎前具有的性质。因此，古代自然哲学家在变动不居的现象中寻求那种绝对固定、持存不变的物体的理想似乎是可以达到的，因为他们把普通物体设想为由大量原子组成的。这种台球式的物质观在不久以前，事实上在电磁理论代替原子论以前，一直支配着物理学家们的想象力，而电磁理论本身也正在发展成一种新的原子论。除了为化学的需要而创设的特殊形式的原子论之外，整个传统的动力学也为某种原子论所统治，动力学规律和公理的一切陈述都暗含着这种原子论。

物理学家们按其想象对物质世界所作的图画式的解释，由于理论修改的影响，经历着剧烈的变化，不过理论上的这些修改比普通人们从描述的改变所推想的要小得多。然而，有某些特点一直还是非常稳定不变。人们总是假定，有某种不可毁灭的东西能够在空间中运动；不可毁灭的东西总是极小的，但并不总是占据空间的一点。人们设想有一个无所不包的空间，运动即在其中发生，而且直至最近以前，我们也会假定有一个包含万有的时间。但是相对论已给予“局部时间”概念以突出地位，而稍稍减弱了人们对单一均匀的时间之流的信念。关于相对论的最后结果如何我们不必妄断，但是我认为，我们保准可以说，它并没有消除使各个不同的局部时间相互关联的可能性，因而也不会产生人们有时设想的那样深远的哲学后果。事实上，尽管在测量上有困难，我认为物理学讲运动的一切仍然是以这一个包含万有的时间为基础的。因此在物理学上还像在牛顿时代一样，我们仍有一群可称为粒子的不可毁灭的实体，它们在惟一的空间和惟一的时间中相互作相对的运动。

直接感觉材料的世界与此完全不同。这里没有任何东西是常住不变的；即使像山这样的被认为非常持久的东西也只是在我们看到它们时才成为感觉材料，而并不直接表明为也在其他时刻存在的东西。对每个人来说都远不是仅仅被给予一个无所不包的空间，而是按照提供可谓空间关系的那些关系的不同感官，每人都有若干个空间。经验告诉我们通过相互关联可从这些空间中得到一个空间，经验连同本能的理论思维告诉我们可把我们的空间和我们相信存在于他人的可感世界中的那些空间相互关联起来。只要我们以个人的私有世界为限，构造一个单一的时间则困难更小一些，但是把一个私有时间和另一个私有时间相互关联起来却是一件很困难的事情。因此，除了物理学上变动不定的假设之外，要把物理学世界和感官世界联系起来还产生了三个主要的问题，即：（1）持久“事物”的构造；（2）单一空间的构造；（3）单一时间的构造。我们将依次考察这三个问题。

（1）对不可毁灭的“事物”的信念最早采取的形式是原子

论。我认为，原子论的基本动机不是在解释现象上获得的任何经验的成功，而应该说是一种本能的信念，这种信念相信在感性世界的一切变化下面必有某种恒常不变的东西。这个信念无疑由于其实际的成功（这种成功在质量守恒定律上达到顶点）而得到增强和助长；但是它并不是这些成功的产物。相反地，这些成功乃是这个信念的产物。讨论物理学的哲学作家们有时把某物或他物的守恒说成似乎是科学之所以可能的根本要素，但是我认为这是一个完全错误的看法。如果没有对物质持存不灭的这种先天的信念，那么我们今日用这个信念的说法表述的同一些规律也完全可以不用这种说法表述出来。我们为什么会设想，冰融化时，代替冰的水是同一个东西的不同形式呢？只是因为这个设想使我们能以一种符合我们成见的方式来陈述这个现象。我们实际所知的只是：在一定的温度条件下，我们叫做冰的现象被我们叫做水的现象所代替。我们可以提出一些定律，按照这些定律在一个现象之后将有另一个现象相随，但是除了成见没有任何理由认为二者是同一实体的现象。

如果刚才所说的是正确的，那么要把感官世界同物理学世界联系起来，我们就有一个任务，即无需用在历史上产生了物质概念的这个先天的信念而把物质概念再构造出来。尽管现代物理学产生了革命性的结果，但是物质概念在经验上的成效表明，必然有某种合理的概念大致可起同样的作用。可以精确说明这个合理概念的时候还未到来，但是我们可以大略地看看它必须是怎样的概念。为此我们只需把普通常识的陈述去掉持存实体的假定而改成另一种说法就可以了。例如，我们说事物逐渐变化着，有时这种变化极其迅速，但是这种变化不能不经过一系列连续的中间状态。这意味着假定有任一可感的现象，如果我们加以观察，通常就会有一系列连续的与该现象相联系的现象，通过一些觉察不到的等级，而引到常识认为属于同一事物的那些新现象。这样，一个事物就可以定义为由连续性和一定的因果律而相互联系的某一系列的现象。在变化缓慢的事物的情形中，这一点是显而易见的。例如，试以一张因年深日久而褪色的壁纸来看。要设想这张壁纸并非一个只是颜色在此时和彼时略有不同的“东西”，是不容易的。但是对这张壁纸我们真正知道什么呢？我们知道，在适当的环境下（就是说，我们“在这间屋子里”），我们感知具有一定花样的某些颜色，这些颜色虽然并不永远是恰好相同的，但是它们十分相似，以致我们觉得它们是熟悉的。如果我们能把颜色变化的规律陈述出来，我们就能把经验上可证实的一切陈述出来；假定有一个常住不变的实体——壁纸，它在各种不同的时候“具有”各种不同的颜色，乃是一种毫无理由的形而上学。如果我们乐意，可以把壁纸定义为它的诸样相的系列。把这些样相集合在一起的动机与使我们把壁纸看作一个东西即看作可感的连续性和因果联系之结合的动机是相同的。更概括地说，一个“事物”可定义为某一系列的样相，即通常会被说成属于这个事物的那些样相。说某个样相是某个事物的样相，意思只是说它是那些样相之一，那些样相作为系列来看就是这个事物。这样，一切就都进行得如先前一样：凡是可证实的就是不变的，但是对我们的语言要解释得可以避免关于常住不变的不必要的形而上学假设。

上面对持存事物的排除为“奥卡姆剃刀”这个激励一切科学的哲学思维的原则提供了一个范例，这个原则就是：*如无必要切勿增加存在物*。换句话说，在讨论任何问题时，都要找出有哪些存在物是必须被包含在内的，并用这些存在物去说明一切事物。如此得来的陈述往往比常识和大多数哲学的陈述更复杂和困难，后者假定了一些没有任何充足理由相信其存在的假想的存在物。我们觉得，想象一张颜色有变化的壁纸，比仅仅想象一系列的颜色，要更容易些；但是，“事物”的例子已极恰当地表明：以为在思想中容易和自然的东西就是最能免除没有保证的假定的东西，乃是一个错误。

上面对“事物”的由来所做的概略说明虽然大体上是正确的，不过对某些严重的困难则略而未谈，对这些困难稍加考察还是必要的。从一大堆杂乱无章的感觉材料出发，我们要把它们集成系列，每一系列都可以看做是由一个“事物”的接连相继的诸样相组成的。首先，常识认为是一个事物的东西与物理学认为是粒子的不变集合的东西之间有某种冲突。在常识看来，人体是一个东西，但在科学看来，构成人体的物质是不断变化着的。不过，这个冲突并不十分严重，就我们的初步目的而言，多半可以置之不问。现在的问题是：我们要根据什么原则把某些感觉材料从这个混沌中选择出来，并把它们都称为同一事物的现象？

给这个问题一个粗浅大略的回答并不十分困难。有某些现象的集合是非常稳定的，例如山水，屋内家具，熟人的面孔。在这些情形中，我们毫不犹豫地认为它们在连续的各个时刻都是一个事物或事物集合的现象。但是，如果我们仅就表面相似做出判断，就会误入迷途，如《错误的喜剧》这个戏所描绘的那样。这就表明，这里还涉及某种别的东西，因为两个不同的事物可以有任何程度的相像，直到彼此精确地相似。

连续性也不是一个事物的很恰当的标准。我们已经看到，如果我们注视被认为是一个变化着的事物的东西，就常常发现它的变化在我们感官可能感知的范围内是连续的。我们因此而假定，如果我们在两个不同的时间看见两个有一定区别的现象，并且有理由认为它们属于同一个事物，那么那个事物在我们并未观察它时也有一系列连续的中间状态。于是人们就倾向于认为变化的连续性是构成一个事物的必要而且充分的条件。但事实上，它既不是必要的，也不是充分的。它不是必要的，因为在我们的注意力未曾完全集中于这个事物的场合，未被观察到的状态乃是纯粹假设的，而且不可能成为我们设想在先的现象和在后的现象属于同一事物的根据；相反地，正是因为我们这样设想才假定有介乎中间的未被观察到的状态。连续性对于构成一个事物也不是充分的，因为例如我们可以根据明显连续的等级从任何一滴海水推移到任何另一滴海水。我们所能说的最多不过是：在不断的观察过程中的断续性通常是事物间差别的一个标志，不过在突然爆炸之类的情形中就连这一点也谈不上。

然而，在物理学上连续性的假定还是很有成效的。这个事实虽然也证明了某种东西，但是并不表明它对我们现在这个问题有什么非常明显的用处。它证明了在已知的世界中没有与下面这个假设相矛盾的东西，即一切变化实际上都是连续的，不过或者由于变化过于迅速或者由于我们未观察到，这些变化可能并不总是显现为连续的。在这个假设的意义上，如果要把两个现象归类为同一事物的现象，那么可以承认连续性是一个必要的条件。但是，正如海水的水滴的例子所表明的，它并不是充分的条件。因此我们还必须找到某种别的东西才能给“事物”下一个哪怕是极不完全的定义。

我们进一步需要的东西似乎是某种具有满足因果律的性质的东西。这个说法就其现有形式而言是很含糊的，但是我们将尽力给它精确的表达。我所谓“因果律”是指把不同时间的事件乃至同一时间的事件（这是一种极限的情形）联系起来的任何规律，只要这种联系不是逻辑上可证明的。在这个极宽泛的意义上，动力学规律是因果律，把一个“事物”同时呈现的现象与不同感官相互关联起来的规律也是因果律。问题是：这些规律如何有助于给一个“事物”下定义？

要回答这个问题，我们必须考察一下物理学的经验成效所证明了的究竟是什么。它所证明的是：物理学的假设在超出感觉材料的地方虽然是无法证实的，但与感觉材料并无任何矛盾，相反地在观念上倒是可以把一切感觉材料从全都属于某一段时间的材料的完满集合中计算出来。现在物理学已经发现把感觉材料集成系列在经验上是可能的，每个系列都被看做是属于一个“事物”，并且依据物理学的规律以这样一种方式进行活动，不属于一个事物的系列一般都不会照这种方式活动。如果要明确了解两个现象是否属于同一事物，就只有一种集合现象的方法可使所得的事物服从物理学的规律。要证明事实如此会是非常困难的，但是就我们现在的目的而言可以撇开这个问题而假定只有一种方法。在我们对“事物”的定义中必须把它的那些未观察到的样相（如果有这种样相的话）也包括在内。这样，我们就可以做出如下的定义：*事物是服从物理学规律的那些样相的系列*。这些系列的存在是一个经验的事实，物理学的可证实性即在于此。

人们也许还会提出反驳说，物理学的“物质”是不同于感觉材料系列的某种东西。我们可以说，感觉材料属于心理学，在某种意义上无论如何是主观的东西，而物理学是完全独立于心理学的考虑的，而且并不假定它的物质仅仅在被感知时才存在。

对这种反驳，有两点回答，都是相当重要的。

(a) 上面我们已经考察了物理学的可证实性问题。可证实性与真实性决非同一回事；事实上，可证实性远更是主观的和心理的东西。一个命题之为可证实的，仅仅这个命题是真的还不够，而必须是我们能发现它是真的。因此可证实性依赖于我们获得知识的能力，而不仅依赖于客观真实性。正如人们通常指出的，在物理学上有很多不可证实的东西：例如（α）假设事物在恰恰没有任何观察者的地方在一个观察者看来会是什么样子；（β）假设事物在其实际未显现于任何人时会是什么样子；（γ）假设有一些永不显现的事物。所有这些假设都是为了简化因果律的陈述而被引进的，但是它们都不是物理学上已知为真的东西的主要部分。这就把我们带到第二个回答。

(b) 如果物理学全部是由已知为真或至少可被证明或证否的命题组成的，那么我们刚才列举的这三类假设的东西必然全都可能表示为感觉材料的逻辑函项。为了指出如何能做到这一点，我们回顾一下第三讲中假设的莱布尼茨的世界。在那个世界中，有很多的视景，其中没有两个视景具有任何共同之点，但是常常包含着互相关联得足以被认为属于同一事物的一些东西。我们将把一个视景称为“实际的”私有世界，如果有一个它对之显现的实际观察者的话；而把一个视景称为“理想的”私有世界，如果它仅仅是根据连续性原则构造出来的话。一个物理的东西在每一瞬间都是由在一切不同的世界中它在那一瞬间具有的样相的整个集合构成的；因此一个事物的瞬间状态是样相的整个集合。一个"理想的"现象是一个仅被预测而未被任何观察者实际感知的样相。一个事物的"理想"状态就是当其一切现象都是理想的那一瞬间的状态。一个理想的事物就是一个其状态在一切时候都是理想状态的事物。理想的现象、状态和事物既然是被测算的，因而必然是实际的现象、状态和事物的函项；事实上，归根到底，它们必然是实际现象的函项。因此，为了说明物理学的规律，并无必要赋予理想的要素以任何的实在性，只要我们有方法知道如何确定它们在何时变为实际的要素，那么承认其为逻辑的构造也就足够了。事实上，我们在某种程度上接近于具有这种方法；例如，我们什么时候想望星空，星空就变成实际的了。我们完全可以相信理想要素的存在，而没有任何理由不相信这一点；但是除非借助某种先天的规律，我们不可能知道它，因为经验知识仅限于我们所实际观察的事物。

(2) 物理学的三个主要概念是空间、时间和物质。物质概念所引起的某些问题在上面讨论"事物"时已经指出了。但是空间和时间也提出了一些同类的困难问题，即把直接感觉的这个偶然的杂乱无章的世界还原为几何学和动力学的平稳而有秩序的世界。我们先来考察一下空间。

没有读过心理学的人很少会知道构造一个囊括一切的空间

（人们设想一切可感对象都安排在这个空间之中）包含着多少心理的劳作。康德对心理学异乎寻常无知，把空间描写成“一个无限的给定的整体”，但短暂的心理的反思就可指出无限的空间不是给定的，而可称为给定的空间则不是无限的。“给定的”空间的性质是什么，是一个困难的问题，心理学家对这个问题绝无一致的意见。但是我们可以提出一些一般的评述就足以指明这些问题，而无需偏袒仍在进行的心理学争论的任何一方。

首先要注意的一点是不同感官具有不同的空间。视觉空间与触觉空间大不相同，只是通过幼儿时期的经验，我们才把它们相互关联起来。在以后的生活中，当我们在可及的范围内看到一个对象时，就知道如何去触摸它，并多少知道这个对象摸着会是什么样子；如果我们闭眼触摸一个对象，就知道我们须在何处寻见它，并多少知道它看来会是什么样子。但是这种知识是从很早以前对某种触觉和某种视觉相互关联的经验得来的。这两类感觉都安排在其中的那统一的空间是一个理智的构造，而不是一个被给予的材料。除了视觉和触觉，还有其他各种感觉，它们提供其他方面的空间，不过不大重要罢了。这些感觉也须通过经验到的相互关联而安排在统一的空间中。与事物的情形一样，这个统一的囊括一切的空间，虽然是一种方便的说话方式，但无需设想有实在的存在。经验使我们确知的只是各种感官的不同的空间是由经验发现的规律相互关联起来的。这个统一的空间作为一个由各种空间复合而成的逻辑构造，也许是有效的，但是没有任何充分的理由假定其具有独立的形而上学的实在性。

直接经验的空间不同于几何学和物理学的空间的另外一点是与点的关系。几何学和物理学的空间是由无数的点组成的，但是没有人曾看见或触摸过一个点。如果在可感空间中有点存在，那么它们必然是一种推论。很难看出有任何方法能够把点作为独立的存在物从感觉材料推论出来；因此如果可能的话，我们在这里还必须找到直接所予对象的某种逻辑构造、某种复杂的集合，这种构造、这种集合将具有所要求的点的几何特性。人们惯于把点看作简单的无限小的东西，但是几何学决不要求我们这样看。几何学所必需的只是点必须有相互关系，这些关系有一定的数得出来的抽象的特性，感觉材料的一个集合就可能达此目的。如何精确地做到这一点，我还不知道，但是这一点可能做到，则似乎是确定无疑的。

为了指出如何可由感觉材料构造出点来，怀特海博士曾创制了下面这种例示的方法，我们简略地说明以便人们易于掌握。首先我们必须指出，不存在无限小的感觉材料，例如，我们可见的任何表面必然具有某种有限的面积。但是最初看来是一个未分的整体的东西，在仔细注意时却常常发现可分成这个整体所包含的一些部分。因此一个空间对象可以包含在另一空间对象之内并完全被它所包围。这种包围的关系，借助于某些非常自然的假设，就使我们能够把一个“点”定义为某一类的空间对象，即所有那些自然会被认为包含这个点的空间对象（正如最终结果将表明的那样）。为了得到这样一个关于“点”的定义，我们以如下的方法来处理：

假定有任一组体积或平面，一般地说它们不会聚合成一个点。但是如果它们变得愈来愈小，而其中任何两个体积或平面总有一个包围着另一个，那么我们就开始有了这类的一些条件，这些条件使我们能够认为它们具有一个点作为它们的极限。包围关系所要求的假设是：（1）它必须是传递的；（2）两个不同的空间对象不可能互相包围，但是一个单独的空间对象则总是包围自身的；（3）任何一组空间对象，如果其中至少有一个空间对象被它们所包围，那么所有这些对象就有一个低限或最低限，也即一个被所有这些对象所包围又包围被所有这些对象所包围的一切对象的对象；（4）为了防止稍有例外，我们必须再加上一句话，即确有一些包围的事例，就是说确有一些互相包围的对象。当一种包围关系具有这些性质时，我们就称它为一个“点产生者”。假定有任一包围关系，如果一组对象中任何两个对象的一个被另一个所包围，那么我们就称这组对象为一个“包围系列”。我们需要一个条件，这个条件将保证一个包围系列聚合为一个点。我们可以如下方法得到它：设有一包围系列，若任一其他包围系列有一些分子被包围在前一系列的任何随意选择的分子中，那么前一系列就有一些分子被包围在后一系列的任何随意选择的分子中。在这种情形中，前一个包围系列就可称为“点包围系列”。因此一个“点”就是所有包围某一点包围系列的分子的对象。为了保证无限可分性，除了规定点产生者的那些性质之外，还得加上另一种性质，即凡包围自身的对象也就包围一个异于自身的对象。我们将看到，由具有这种性质的点产生者所产生的“点”就是几何学所要求的点。

(3) 时间的问题，只要我们以私有世界为限，较之空间的问题就没有那么复杂了，我们可以很清楚看到如何用上面这种方法来研究它。我们意识到的事件并非仅仅持续一个数学的瞬间，而总是持续一个有限的时间，不论这个时间多么短促。即使有一个数学的运动理论所假设的那种物理世界，我们的感官印象之产生感觉也绝不是一瞬间的事，因此我们直接意识到的感官对象绝不是一瞬间的东西。因此，瞬间不属于经验材料，如果瞬间被认为是正当的，那么它们必是被推论或构造出来的。很难看出它们如何能被正当地推论出来；因此我们只有另外一种选择，即认为它们必是被构造出来的。这种构造又是怎样做的呢？

直接经验提供我们事件间的两种时间关系：它们可能是同时的，也可能是一先一后的。这两种关系都是粗糙材料的部分；并非只有事件是被给予的，而其时间顺序则是我们的主观活动所附加的。在一定限度内，时间顺序与事件一样是被给予的。在任何一篇惊险故事里，你都可以找到诸如下面这样的文字：“带着冷嘲的微笑，他把左轮手枪指着这个毫不畏怯的青年的胸膛。‘数到三，我就开枪，’他说。他用冷静沉着的清晰的声音说完了一和二。他的唇间正要吐出三这个字来。就在这一刹那，一道令人目眩的闪电划破了长空。”这里我们看到的是同时性，这种同时性并非如康德要我们相信的那样是来自这个无畏青年的主观心理器官，而是像左轮手枪和闪电一样客观地被给予的。一和二这两个字的说出先于闪电之来，也同样是在直接经验中被给予的。这些时间关系也适用于并非严格同时的事件。一个事件可能比另一个事件开始得早，因而先于另一事件，但是它可能在另一事件开始以后还在继续，因而又是与它同时的。如果它在另一事件过去之后还继续存在，那么它又是后于另一事件的。在先、同时与在后并非互不相容，如果我们讨论的是持续一个有限时间（不论多么短促）的事件的话；只有在我们讨论某种转瞬即逝的东西时，它们才成为不相容的。

必须指出，我们不可能给出所谓绝对日期，而只能给出由事件规定的日期。我们不可能指出一个时间本身，而只能指出在那个时间发生的某个事件。因此在经验上没有理由设想存在着与事件对立的时间，由同时性和延续性的关系安排秩序的事件就是经验所提供的一切。因此，如果我们不想引进多余的形而上学的存在物，那么在给物理学可认为是一个瞬间的东西下定义时，就必须借助某种构造来进行，这种构造在事件及其时间关系之外不假定任何东西。

如果我们想要借助事件来精确地指定一个日期，我们该怎么做？如果我们取任何一个事件，是不可能精确地指定日期的，因为这个事件不是一瞬间的，就是说，它可能是与两个彼此不同时的事件同时的。要精确地指定一个日期，从理论上说，我们必须能够确定是否有某一事件先于、处于或后于这个日期，而且必须知道任何其他日期不是先于就是后于这个日期，而不是与之同时的。现在我们不是假定一个事件A，而是取两个事件A和B，并假定A和B部分重叠，但B先于A结束。那么一个与A和B都同时的事件必然在A和B重叠的这段时间内存在；这样较之单独地考察A和B，我们就更稍近于确切的日期了。设C是一个与A和B同时的事件，但其结束先于A或B。那么一个与A和B和C同时的事件就必然在这三者重叠的这段更短的时间内存在。如此进行下去，我们取愈来愈多的事件，我们就能逐渐地愈来愈精确地给一个被认为与所有这些事件同时的新事件确定日期了。这就提示给我们一种方法，用这种方法可以规定十分精确的日期。

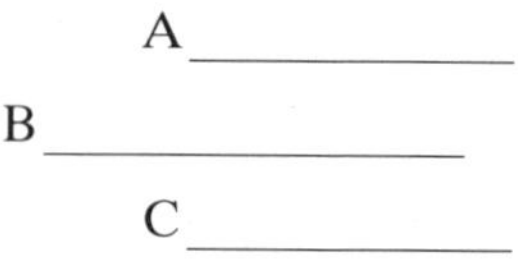

试取一组事件，其中任何两个事件都是重叠的，因而有某个时间（不论多么短促）是它们全都在其中存在的。如果有任何其他事件与所有这些事件同时，那么我们就把它加到这一组事件中去；如此增加下去，直到我们构造出这样一个组，使得这个组之外的任何事件都不和所有这组事件同时，但所有在这个组之内的事件则是彼此同时的。我们且把这整个的组定义为时间的一瞬。我们还要指出它具有我们设想一个瞬间应当具有的那些性质。

我们认为瞬间应当具有的性质是什么呢？首先，它们必须构成一个系列，任何两个瞬间，一个必先于另一个，而另一个必不先于这一个；如果一个瞬间先于另一个瞬间，另一个瞬间又先于第三个瞬间，那么第一个瞬间必先于第三个瞬间。其次，每个事件必然处于相当多的瞬间中；两个事件如果处于同一瞬间就是同时的，如果一个事件所在的一个瞬间早于另一事件所在的某个瞬间，它就是先于另一事件的。第三，如果我们假定，在任一事件存在的时间里总有某种变化在某处进行，那么这个瞬间的系列就应当是紧密的，就是说，假定有任何两个瞬间，就应当有另外一些瞬间介于其间。我们所定义的瞬间有没有这些性质呢？

如果一个事件是构成一个瞬间的那组事件的分子，我就说它“处于”这个瞬间；如果构成这一瞬间的那组事件包含一个事件，这个事件早于构成另一瞬间的那组事件中的某个事件而不是与之同时，我们就说这个瞬间是先于另一瞬间的。当一个事件早于另一事件而不是与之同时的，我们就说它“完全先于”另一事件。现在我们知道，在两个非同时的事件中，必有一个完全先于另一个，在这种情形下，另一个就不可能也完全先于这一个；我们还知道，如果一个事件完全先于另一事件，而另一事件又完全先于第三个事件，那么第一个事件就完全先于第三个事件。从这些事实就不难推出，正如我们所定义的那样，瞬间乃是一个系列。

接着我们必须指出，每个事件都至少“处于”一个瞬间，就是说，假定有任一事件，那么就至少有一个像我们在定义瞬间时所使用的那样的集合，而这个事件是这个集合的分子。为此目的，我们要考察一下与某一事件同时但开端并不较晚即并不完全后于与之同时的任何事物的一切事件。我们将称这些事件为“该事件的*开初*的同时者”。我们将看到，假如完全后于该事件的某个同时者的一切事件都是完全后于它的某个*开初*的同时者的，那么这个事件的集合就是该事件存在的第一个瞬间。

最后，假定有两个事件，其中一个完全先于另一个，如果有一些事件完全后于前者而与完全先于后者的某个事物同时，那么这个瞬间系列就是紧密的。情形是否如此，这是经验的问题；但如果情形不是这样，就没有任何理由设想这个时间系列是紧密的。[①]

因此，无需假设任何可争论的形而上学存在物的存在，我们关于瞬间的定义保证了数学的一切要求。

恰如点的情形一样，瞬间也可用包围关系来定义。一个对象当其与另一对象同时而不是先于或后于它时，就是在时间上被另一对象所包围的。凡是在时间上包围或被包围的东西，我们就称为一个“事件”。为使时间包围关系可以成为一个“点产生者”，我们要求（1）它必须是传递的关系，就是说，如果一个事件包围另一事件，另一事件包围第三个事件，那么第一

---

① 上面关于时间关系所作的假设如下所述：

Ⅰ. 为了保证瞬间构成一个系列，我们假定：

(a) 没有任何事件完全先于自己。（一个“事件”定义为凡与某物或他物同时的任何东西。）

(b) 如果一个事件完全先于另一事件，另一事件完全先于第三个事件，那么第一个事件完全先于第三个事件。

(c) 如果一个事件完全先于另一事件，那么它就不是与另一事件同时的。

(d) 两个不同时的事件，其中一个必然完全先于另一个。

Ⅱ. 为了保证某一事件的开初的同时者构成一个瞬间，我们假定：

(e) 一个完全后于某一事件的同时者的事件是完全后于该事件的某个开初的同时者的。

Ⅲ. 为了保证瞬间系列是紧密的，我们假定：

(f) 如果一个事件完全先于另一事件，那么就有一个事件完全后于这个事件而与完全先于另一事件的某物同时。

这个假定包含着这个结果，即如果一个事件延续了直接先于另一事件的整个一段时间，那么它必然与这另一事件至少有一个共同的瞬间；就是说，一个事件不可能刚好在另一事件开始之前结束。我不知道是否应当认为这是不能容许的。关于上述诸论点的数学逻辑方面的讨论可参阅 N·威尔纳的《对相对位置理论的贡献》（《剑桥哲学会会刊》，第 17 卷，第 5 辑，第 441—449 页）。

个事件就包围第三个事件；(2) 每个事件都包围其自身，但是如果一个事件包围另一不同的事件，那么另一事件就不包围这个事件；(3) 假定有任一组事件，其中至少有一个事件被所有这组事件所包围，那么就有一个事件，它既包围这组事件全都包围的一切事件，又被所有这些事件所包围；(4) 至少有一个事件。为了使无限可分性有确实保证，我们还要求每个事件必须包围自身之外的一些事件。假定了这些特征，时间包围关系就是一个无限可分的点生产者。现在通过选择这样一组事件，其中任何两个事件就有一个包围另一个，我们能够构成一个事件的“包围系列”；假定有任一别的包围系列，使得第一个系列的每个分子都包围第二个系列的某个分子，那么第二个系列的每个分子就包围第一个系列的某个分子，这就是一个“点包围系列”。于是一个“瞬间”就是所有包围某一点包围系列的分子的那些事件的集合。

把不同私有世界的时间相互关联起来产生一个物理学的无所不包的统一的时间是一件更加困难的事情。在第三讲中，不同的私有世界常常包含着相互关联的现象，常识会认为这些现象是同一个“事物”的现象。当不同世界中的两个现象相互关联而属于一个事物的一个瞬间“状态”，人们就会自然地认为它们是同时的，从而提供一种简单的手段把不同的私有时间相互关联起来。但这只能看做一种初步的接近。邻近声源的人比远离声源的人会更快地听到我们称为声音的东西，对于光在较低的程度上也可以这样说。因此不同世界中两个相互关联的现象并不必然要看做在物理时间的同一日期发生的，虽然它们会是一个事物的一个瞬间状态的部分。不同私有时间的相互关联是由为保证对物理学规律做尽可能最简单的陈述这一要求来调节的，因而提出一些相当复杂的技术性的问题；但是从哲学理论的观点来看，并不包含十分严重的原则上的困难。

上面简略的概述不过是一种尝试和建议。其目的只是指出一种方法，根据这种方法，假定有一个具有心理学家在感官世界中发现的那类性质的世界，我们就有可能通过纯粹的逻辑构造，给可分别称为粒子、点和瞬间的那些感觉材料的系列或集合下定义，从而使这个世界得到数学的处理。如果这种构造是可能的，那么数学物理学就可应用于实在的世界，尽管在实际的存在物中事实上并没有粒子、点和瞬间。

上面所要解释的问题是一个重要的问题，但是这个问题的重要性乃至它的存在却由于文明世界中到处可见的对各门学科的不幸分裂而一直被掩盖了。物理学家无视和轻视哲学，满足于在实践中假定有粒子、点和瞬间，而又以一种不无讽刺意味的谦恭态度承认他们的概念并不自许有形而上学的有效性。形而上学家被只承认心灵是实在的唯心主义观点和巴门尼德关于实在不变的信念所缠绕，一个跟一个地反复地讲物质、空间和时间概念中所设想的矛盾，因此当然不会做任何努力去创造一个关于粒子、点和瞬间的可信的理论。心理学家在阐明未经处理的感觉所提供的粗糙材料的混乱性质方面做过很有价值的工作，但是他们不知道数学和现代逻辑，因而满足于说物质、空间和时间是“理智的构造”，既不力图详细地指出理智如何能构造它们，也不力图详细地指出保证其具有物理学所表明的那种实际有效性的是什么东西。人们期望，哲学家们终于会承认，没有一点逻辑、数学和物理学的知识，是不可能在这样一些问题上取得任何坚实的成果的；但是由于缺乏具有这种必要的知识素养的学者，这个至关重要的问题至今仍无人触及，无人知晓。

诚然，有两位作者而且都是物理学家，他们曾做过一些工作，虽然不多，但是使人们认识到这是一个需要研究的问题。这两位作者就是彭加勒和马赫，特别是彭加勒的《科学和假设》与马赫的《感觉的分析》对这个问题进行了研究。他们的著作虽可钦佩，然而在我看来，他们又都受到一种普遍的哲学偏见的不利影响。彭加勒是康德主义者，马赫是极端的经验主义者；在彭加勒看来，物理学的几乎全部数学部分都是纯粹约定的；在马赫看来，作为心理事件的感觉与其作为物理世界一部分的对象是同一个东西。但无论如何，这两位作者，特别是马赫对我们的问题的考虑曾经作出了重大的贡献，因而是值得一提的。

把点或瞬间定义为可感性质的集合，给人的最初印象可能是一种荒唐任意的诡论。这里有一定的理由。但是，当我们进而定义数时，这种理由也适用。有整整一类的问题可用这种定义来解决，而且最初几乎总是给人以诡论的印象。假定有一组对象，其中任何两个对象都有所谓“对称的和传递的”这类关系，几乎可以肯定，我们终归会认为它们全都具有某种共同的性质，或者全都同这一集合之外的某个对象有同样的关系。这类情形是重要的，因此即使不免要重复一下前面的定义，我也要努力加以阐明。

如果一个项对另一个项有一种关系，那么另一个项对这个项也有这种关系，这种关系就被称为“对称的”。因此“弟兄或姊妹”是一种“对称”关系：如果某人是另一个人的弟兄或姊妹，那么另一个人也是这个人的弟兄或姊妹。同时性也是一种对称关系；大小相等也是如此。如果一个项对另一个项有一种关系，另一个项对第三个项也有这种关系，那么第一个项对第三个项也有这种关系，这种关系就被称为“传递的”。刚刚提到的这些对称关系也都是传递关系，例如，在“弟兄或姊妹”的情形中，假定还有第三个人是某人（他或她）自己的弟兄或姊妹的话；又如，在同时性的情形中，假定我们指的是完全的同时性，即一起开始并一起结束的话。

但是，有许多关系是传递关系而非对称关系，例如，像“大于”、“早于”、“在……右边”、“……的祖先”这样的关系，事实上所有产生系列的关系都是传递的而非对称的关系。另外有些关系则是对称的而非传递的，例如，任何方面的差异关系。如果A与B年龄不同，B与C年龄不同，并不能推出A与C年龄不同。就持续一个有限时间的事件而言，同时性也不必然是传递关系，如果这种同时性仅指两个事件重叠的话。如果A刚好在B开始后结束，B刚好在C开始后结束，在这个意义上A和B同时，B和C也同时，但是A和C却很可能不是同时的。

凡是可自然表示为在任何方面相等或具有共同性质的一切关系都是传递的和对称的，例如，具有相同高度、相同重量或相同颜色的关系就是如此。由于具有共同性质产生传递的对称的关系这个事实，我们就逐渐想象，凡有这种关系出现之处，必有一种共同的性质使然。“同样多”是两个集合的传递对称关系；因此我们想象二者有一个被称为它们的数的共同性质。“存在于某一瞬间”（就我们定义瞬间的那个意义而言）是一个传递对称关系；因此我们逐渐认为确有一个瞬间，它赋予存在于此瞬间的一切事物一个共同性质。“是某物的状态”也是传递对称关系；因此我逐渐想象除了一系列状态，确实还有一个事物，这也可算做传递对称关系。在所有这些情形中，对某一个项有某种传递对称关系的这类项可以满足所有这类分子的一个共同性质的一切形式上的必要条件。既然确实有这个类，而任何其他共同性质都可能是虚幻的，因此，为了避免不必要的假设，用这个类代替通常假定的共同性质是审慎明智的做法。这就是我们采取上述定义的理由，也是产生那种表面诡论的根源。如果存在语言所假定的这样一些共同性质，那也没有什么害处，因为我们并未否定它们，而只是不断定它们。但是如果根本没有这样的共同性质，那么我们的方法就可以保证我们避免错误。因此，我们既然没有一种特殊的知识［把握所谓共同性质］，我们采取的这种方法就是惟一可靠的方法，惟一能避免引入虚构的形而上学存在物的方法。

第五讲　连续性理论

本讲所要讨论的连续性理论，其精微与发挥之极致，乃是一个纯粹数学的课题，极优美、极重要、极悦人的数学课题，但严格说来，不是哲学的一部分。只有这个理论的逻辑基础才属于哲学，才是今晚我们要讨论的。大致说来，连续性问题是以下述方式进入哲学的：数学家把空间和时间看作是由点和瞬间构成的，但是空间和时间又具有一种虽易感知却难定义的性质，这种性质被称为连续性，很多哲学家认为，当空间和时间被分解为点和瞬间时，连续性就被毁灭了。正如下面将看到的，芝诺曾经证明，如果我们坚持有限空间或时间中的点或瞬间的数目必是有限的，那么就不可能把空间和时间分析为点和瞬间。后来一些哲学家认为无限数是自相矛盾，因而在这里发现了一个二律背反：根据芝诺提出的理由，空间和时间不可能是由有限数目的点和瞬间构成的；由于无限数被认为是自相矛盾的，因而空间和时间也不可能是由无限数目的点和瞬间构成的。因此，空间和时间如果是实在的，就一定不能认为是由点和瞬间组成的。

但是，即使像上一讲中所主张的那种理论把作为独立存在物的点和瞬间抛弃了，正如我即将力图指出的，连续性的问题仍然以一种实际不变的形式存在。因此首先我们且承认点和瞬间，并与这个较简单的或至少更熟悉的假设相联系来考察一下这些问题。

反对连续性的论证，就其基于所设想的无限数的困难来说，已由将在第七讲中考察的积极的无限理论说尽了。但是人们仍有一种感觉（就是使芝诺主张飞矢不动的那种感觉），认为点和瞬间即使是无限之多的，也只能产生一种跳跃的运动，即各种不动状态的一种连续，而不可能产生感官已使我们熟悉的那种顺利的过渡。我认为，这种感觉是由于在抽象中和想像上都不能了解在数学上出现的连续系列的性质。当我们已在逻辑上把握了一种理论时，常常还需要付出长时间的重大的劳动才能感到它。我们必须仔细思考它，从思想上把那些错误的然而更熟悉的理论的引人致误的提示一一抛掉，以获得一种直接密切性，就一种外国语言来说，这种直接密切性会使我们能够用这种语言去思维和幻想，而不仅仅能借助语法和词典去构造困难的句子。我认为，就是因为缺乏这种直接密切性，许多哲学家才把数学的连续性理论看作对我们在感官世界中所经验的那种连续性的一种不恰当的说明。

在本讲中，我要先大略地说明，数学的连续性理论就其哲学上的要义而言是什么。首先，数学的连续性之应用于现实的时空是不成问题的。我看不出有任何理由假定数学家在讨论时空时引进的点和瞬间是实际存在的物理的东西，但是我确实认为有理由假定现实时空的连续性可能或多或少地类似于数学的连续性。数学的连续性理论是一种抽象的逻辑理论，其有效性不依赖于现实时空的任何特性。可以断言的是，当我们了解了数学连续性理论，就可看到先前极难加以分析的时空的某些特征就没有什么逻辑的困难了。我们在经验上对时空所知道的东西不足以使我们在各种数学上可能的选择之间做出决定，但是这些可选择的办法都是完全可理解的，完全适合于被观察的事实的。不过现在我们最好先撇开时空和可感变化的连续性，以便在得到抽象连续性理论提供的武器之后再回来讨论这些题目。

在数学上，连续性是只有项的系列即按顺序排列的项才可能具有的一种性质，因此我们才能对任意两个项说其一先于另一个。按大小顺序的数，在一条线上从左到右的点，从早先到后来的刹那的时间，都是系列的例子。此处所说的顺序的概念不是基数理论所用的概念。我们可能知道两个集合有同样多的项，但并不知道这些项的顺序。例如英国人丈夫和妻子这两个集合就是这种情形：我们可知丈夫和妻子的数目必然相等，而不必把他（她）们排成一个系列。但是我们现在要考虑的连续性本质上却是一个顺序的性质：它不属于诸项本身的集合，而属于具有一定顺序的集合。可以此一顺序排列的诸项的集合总是也可以另一顺序排列，可以连续的顺序排列的诸项的集合总是也可以非连续的顺序排列。因此，一定不要从项的系列的性质而要从项在一个系列里排列的性质去寻求连续性的本质。

数学家曾经区别各种不同程度的连续性，并且出于技术上的考虑，把“连续的”一词限用于具有一定高程度的连续性。但从哲学上考虑，所有在连续性中重要的东西都是由最低程度的连续性引进的，即所谓“致密性”。一个系列，如果其中没有两个项是依次相续的，而是在任何两个项之间都有另外一些项，那么这个系列就叫做“致密的”。致密系列的一个最简单的例子就是依大小顺序的分数系列。设有任意两个分数，二者不论如何接近，总有比一个大而比另一个小的其他一些分数，因此没有两个分数是连续的。例如，没有任何分数是 1/2 之后最接近的分数。假如我们选择一个稍稍大于 1/2 的分数，比如说 51/100，我们就会看到还有另外一些分数更接近 1/2，例如 101/200。因此，任何两个分数的差不论多么小，其间总有无穷多的其他分数。数学的空间和时间也具有这种致密性，虽然现实的时空是否具有这种性质是另一个问题，有赖于经验的证明，而且也许不可能得到确定的回答。

就分数这样的抽象对象来说，认识到它们在逻辑上有构成一个致密系列的可能性，或许并不十分困难。可能感到的困难是关于无限性的那些困难，因为在一个致密系列中，任何两个给定的项之间必然有无穷多的项。但是当这些困难得到了解决，仅仅致密性本身就不成为想像力的巨大障碍了。然而，在如运动这样的更具体的情形中，致密性变得愈加违背我们的思想习惯。因此，很需要明白地考察一下对运动的数学说明，以便揭示其逻辑可能性。如果把对运动的数学说明看作是描述在物理世界中实际发生的东西，这也许是人为地简单化；但是实际发生的东西通过相当的逻辑处理必能引入数学说明的范围，并且经过分析必然提出由这种说明以最简单的形式所提出的那样一些问题。因此，我们现在且撇开其物理的恰当性问题，而仅仅致力于考察对运动本质的形式陈述的可能性。

为了尽可能使我们的问题简单化，我们试想象一个沿着比例尺运动的极小的光点。我们说这个运动是连续的，是什么意思？对我们的目的来说，没有必要考察数学家的这个论断的全部意义，他所意指的东西只有一部分在哲学上是重要的。这就是：如果我们考察这个光点在任意两个瞬间所占据的任意两个位置，那么就会有在介乎其间的瞬间所占据的其他一些介乎其间的位置。我们所取的这两个位置不论如何接近，这个光点也不会一下子从这个位置跳到那个位置，而要在这条路上通过无穷多的其他位置。每个距离，不论多么小，都要通过其两端间一连串无穷多的位置才能走完。

但是在这一点上想象提示我们，可以这样描述运动的连续性：说这个光点总是从一个瞬间上的一个位置移到下一个瞬间上的下一个位置。一当我们这样说或这样想象的时候，我们就陷入了错误，因为根本没有下一个地点或下一个瞬间。如果有下一个地点或下一个瞬间，我们就会发现某种形式的芝诺悖论是不可避免的，这一点在下一讲中将会看到。我们可以一个简单的悖论为例来说明。如果我们所说的这个光点是通过全部某个时间沿着比例尺运动的，那么它就不可能在两个相续的瞬间处于同一地点上。但是从一个瞬间到下一个瞬间，它只能从一点走到下一点，因为否则就不会有任何一个瞬间，在这个瞬间它处于在第一个瞬间的位置和下一个瞬间的位置之间的那些中间位置上，而且我们都已同意，运动的连续性排除了这种突然跳跃的可能性。由此推知，这个光点，只要它在运动，就必然是从一个瞬间所在的一点移到下一瞬间所在的下一点上。因此就只有一种完全确定的速度，一切运动必然以这种速度发生：任何运动都不可能比这种速度快，也不可能比这种速度慢。既然这个结论是错误的，我们就必须否定它所根据的那个假设，即承认有连续的点和瞬间。[①] 因此一定不要认为运动的连续性

① 上面的悖论与芝诺的赛跑场悖论本质上是一样的，我们将在下一讲里考察芝诺悖论。

是在于一个物体在连续的时间占据连续的位置。

我认为，对于想象来说，困难主要在于排除无限小的距离和时间的设想。假定我们把某个距离分成两半，然后把其半又分成两半，如此等等，我们可以随意长地把这个过程继续下去，这个过程继续得愈长，得到的距离就变得愈小。这种无限可分性初看似乎意味着有无限小的距离，就是说，这些距离是如此之小，以致一英寸的任何有限的分数都会比它们大。然而，这却是一个错误。把距离不断地分成两半，虽然得到愈来愈小的距离，但是得到的永远是有限的距离。假如原来的距离是1英寸，那么我们连续不断地得到的是半英寸，1/4英寸，1/8英寸，1/16英寸，等等；但是这个愈来愈小的距离的无限系列中的每一个都是有限的。人们也许会说："但是在终点上距离将变成无限小。"不是的，因为根本没有终点。二分的过程从理论上说是一个可以永远进行下去的过程，而达不到任何最后的极限。因此我们虽然必须承认距离的无限可分性，但是这并不意味着有小到任何有限距离都比它们大的距离。

在这类问题上，很容易陷入基本逻辑上的失误。假定任一有限的距离，我们都可以找到一个比它更小的距离；我们可以含糊的形式把这表达为："有一个比任何有限距离都小的距离。"但是如果我们把这解释为意指"有一个距离使得，随意取任一有限距离，那个距离都比它小"，那么这个陈述是假的。普通语言不适合表达这类的事情，依靠普通语言的哲学家经常被普通语言引入迷途。

因此，在一个连续的运动中，我们要说运动的物体在任一给定的瞬间占据某一位置，在其他瞬间占据其他位置；任何两个瞬间之间的间隔和任何两个位置之间的间隔都是有限的，但是运动的连续性却表现在下面这个事实，即我们所取的两个位置和两个瞬间不论如何接近，总有无穷多更接近的位置在亦更接近的那些瞬间被占据。运动的物体决不会从一个位置跳到另一个位置，而总是通过无穷多的中间环节的逐渐过渡而推移。在某个瞬间，运动的物体就在它所在的地方，如芝诺所说的飞矢的情形；[①] 但是我们不能说，它在这个瞬间是静止的，因为这个瞬间并非持续一个有限的时间，而且这个瞬间也没有开端和终点以及介乎二者之间的间隔。静止在贯穿某个有限时段（不论如何短暂）的一切瞬间都处于同一位置；它并不单纯是一个物体在某个瞬间在它所在的地方。显然，整个这个理论有赖于致密系列的性质，要充分理解这个理论，就要求致密系列成为我们的审思和想像所熟悉易懂的东西。

我们可把必要的东西用数学的语言表达为：运动物体的位置必是时间的一个连续的函数。为了精确规定这一点的涵义，我们可按下述来做。试想有一质点在时刻 t 处于点 P 上。任取质点行程上的微小部分 P_1P_2，这个部分包含 P。于是我们说，

① 见第六讲。

如果质点的运动在时间 t 是连续的，那么必能找到两个瞬间 t_1，t_2，一个早于 t，一个迟于 t，从而在从 t_1 到 t_2 的整个时间（t_1，t_2 都包括其中），这个质点都处于 P_1 与 P_2 之间。而且我们说，我们所取 P_1P_2 这个部分不论多么小，情形亦必是如此。如果情形是这样，我们就说运动在时间 t 是连续的；如果运动在一切时间都是连续的，我们就说全部运动是连续的。显然，如果这个质点能够一下子从 P 跳到另一点 Q，我们的定义就不适用于 P_1P_2 的全部间隔了，因为这个间隔太小，包括不了 Q。因此，我们的定义给运动的连续性提供了一个分析，而又承认点和瞬间，并否认了空间或时段中有无限小的距离。

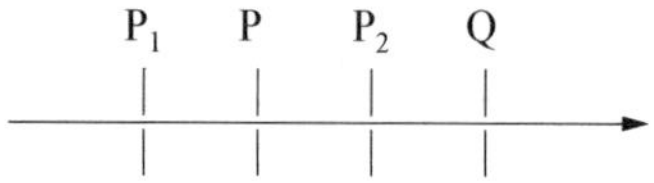

哲学家们大都由于不知道数学家的分析，而采取其他一些比较冒险的方法来对付关于连续运动的那些乍看似有的困难。晚近关于运动的哲学理论的一个典型的例子是柏格森提出的，他对这个问题的观点我曾在别处做过考察。[1]

除了明确的论证，还有某些感觉而不是理由阻碍人们接受对运动的数学解释。首先，如果一个物体运动极快，正如我们看到它的颜色一样，我们也看到它的运动。缓慢的运动，如钟

① 《一元论者》，1912 年 7 月号，第 337—341 页。

表时针的运动，则只有通过数学使我们可望得到的方法才能认识到，即通过观察一段时间之后位置的变化才能认识到；但是，当我们观察秒针的运动时，我们不仅先看到一个位置，然后又看到另一个位置，还看到某种像颜色一样直接可感的东西。我们所看到而称之为可见运动的东西是什么呢？不论它是什么，但它不是连续占有一些连续的位置。要说明它，需要某种超出数学的运动理论之外的东西。反对数学理论的人强调这个事实。他们说："你们的理论也许是非常逻辑的，也许可以美妙地应用于别的某个世界；但是在这个现实的世界中，实际的运动与你们的理论所说的大不相同，因此需要一种与你们的哲学不同的哲学来精确地说明实际的运动。"

我无意轻视这样提出的驳难，但是我相信完全可以回答它，而无需改变导致数学的运动理论的那些方法和见解。不过，让我们首先尽量较完整地陈述一下这个驳难。

如果数学的理论是适当的，那么当一个物体运动时，除了它在不同时间在不同位置上之外，就没有任何事情发生了。但是在这个意义上，时针和秒针同样是在运动，不过在秒针那里有某种可被感官感知的东西，在时针那里则没有这种东西。每刻我们都能看到秒针在动，而这又不同于看到它先在一个地点，随后在另一个地点。这似乎意味着我们同时在许多地点看到它，尽管这必然也意味着我们看到它在某些地点早于在其他地点。例如，如果我迅速地把手从左移到右，那么你似乎立刻就看到了整个的运动，尽管你知道这个运动在左边开始而在右边结束。我认为，正是这种考虑使得柏格森和其他许多人把运动看作一个实际上不可分的整体，而不是数学家所想象的一系列分离的状态。

对这个驳难，有三种补充的回答：生理学的、心理学的和逻辑的。我们将依次考察这三种回答。

(1) 生理学的回答只是指出，如果物理世界就是数学家所设想的那样，那么它的可感的现象无论如何可望就是它的真相。因此这个回答是一个审慎的回答，只是表明数学的说明不是不可能应用于物理的世界；它甚至并不打算指出这种说明是必需的，也不打算指出类似的说明也适用于心理学。

当任何神经受到刺激而产生一种感觉时，这种感觉并不随着刺激的停止而立即停止，而是经过一段短暂有限的时间才渐渐消失。一道闪电，对我们的视觉来说是短促的，作为物理的现象则更为短促，在光波已不再刺激眼睛之后的片刻时间中我们仍然看到它。因此就物理运动（如果它十分迅速的话）而言，我们在一个瞬间实际上是在这个运动着的物体行程的整个有限部分上，而不仅仅是它在那一瞬间所在的那一点上看到它。不过，感觉在渐渐消失时是愈来愈微弱的；因此，由刚刚过去的刺激而得的感觉与当下刺激产生的感觉是不完全相似的。由此可见，在看一个快速运动时，我们不仅同时看到这个运动物体的许多位置，而且是以不同的强度看到它们的——当下的位置最生动，其他位置的生动性渐弱下去，直到感觉渐渐消失而变成直接的记忆。这种状况充分说明了对运动的知觉。当一种运动迅速得足以使人们在同一时间感知许多位置时，这种运动就是被感知到的，而不是仅仅被推论出来的；一个被感知到的运动，其在先和在后的部分由于感觉的生动性大小程度不同而有区别。

这个回答表明，生理学能够解释我们的运动知觉。但是，生理学在谈论刺激和感官以及物理运动之有别于直接感官对象时，是假定了物理学的真理的，因此只能指出物理的说明是可能的，而并未指出它是必需的。这个考察又把我们带到心理学的回答。

(2) 对有关运动问题的困难的心理学回答是一个巨大理论的一部分，这个理论尚未完成，目前只能笼统地述其大略。我们在第三、第四两讲中已考察过这个理论；现在只要大概说明一下它之应用于当前这个问题也就够了。生理学回答所假定的物理学世界显然是从感觉中所给予的东西推论出来的；然而一当我们认真考察感觉中实际被予的是什么时，我们就发现它显然与物理学的世界大不相同。于是我们必然面临一个问题：从感觉到物理学的推论是一个正当的推论吗？我认为，根据我在第三和第四讲中提出的那些理由，回答是肯定的；但是这个回答不可能是简短的，也不可能是容易的。大致说来，这个回答就是指出，尽管物理学处理的微粒、点和瞬间本身不是在经验中被给予的，而且很可能不是实际存在的东西，但是我们有可能用感觉提供的材料构成一些逻辑的构造，这些逻辑构造具有物理学赋予微粒、点和瞬间的那些数学的性质。如果能够做到这一点，那么所有物理学的命题都可以根据一种词典翻译成关于感觉所给予的各类对象的命题。

把这些一般的考虑应用于运动问题，我们就看到，即使在直接感觉材料的范围之内，将对象的顷刻状态加以区别，并将这些状态看作构成一个致密系列，也是必要的，或者无论如何比任何其他同样简单的看法更符合事实。试从一个运动的物体来看，这个物体运动迅速得足以使其运动成为可感知的，而且其运动之久足以使其运动不能被一个感觉所包容。因此尽管我们在一个瞬间看到了这个运动的一个有限的范围，但是我们在一个瞬间看到的这个范围与我们在另一瞬间看到的范围是不同的。这样我们终究又回到了对这个运动物体的一系列瞬间的观察，而且这个系列像前面物理的点的系列一样，是致密的。事实上，这个系列的诸项虽然似乎各异，但系列的数学特性是不变的，关于运动的全部数学理论可一字不变地应用于它。

我们从这个方面考察实际的感觉材料时，重要的是认识到，如果我们不能感知两个感觉材料之间有任何差异，这二者就可能而且有些时候必然是确实不同的。彭加勒曾强调指出相信这一点的一个古老然而无可争议的理由。[①] 在可能逐渐发生变化的感觉材料的一切情形中，我们会找到一个与另一感觉材料无法区分的感觉材料，而这另一个感觉又与第三个感觉材料无法区分，然而第一个感觉材料和第三个感觉材料则极易区别开来。例如，假定有一个人，闭着双眼，手上拿一重物，另一个人悄悄地给他又加上一点点重量。如果这附加的重量非常小，在感觉上就不会感知任何差别。过一会儿可能又加了一点点重量，而他仍然没有感知任何变化；但是如果把这两次附加的重量同时加上去，那么他大概会很容易感知到变化。再以颜色的明暗度为例。我们不难找到三种涂料，它们的明暗度如此相近，以致在第一种涂料与第二种涂料之间、第二种涂料与第三种涂料之间不可能感到任何差别，而第一种涂料与第三种涂料则可以区别开来。在这种情况下，第二种明暗度不可能与第一种的相同，否则它就可以与第三种明暗度区别开来了；它也不可能与第三种明暗度相同，否则它就可以与第一种明暗度区别开来了。因此，它虽然与第一种和第三种明暗度都不能区别开来，但的确必然是二者之间的中介。

上面这些考察表明，感觉材料之间的差别只有超过一定的程度，我们才能把它们区别开来，虽然如此，我们仍有充足的理由假定某一种类的感觉材料，如重量或颜色，确实构成一个

① “数学连续性”，载《形而上学和道德评论》，第1卷，第29页。

致密系列。因此，从心理学观点可能提出的对数学的运动理论的反驳并不是反驳被正确理解的这个理论，而只是反驳一种完全不必要的对瞬间感官对象的简单性的假定。就可见运动而言，对于直接感官对象我们可以说，在每个瞬间它都处于在那一瞬一直可以感到的位置上；但是这一串位置随时不断地变化，而且仿佛是一个纯粹的点，可做同样的数学的处理。当我们断定说对现象的某种数学说明是正确的，我们首先断定的只是：有某种可用粗糙的现象加以规定的东西满足我们的公式；在这个意义上，关于运动的数学理论可应用于抽象物理学假定的微粒，也可应用于感觉材料。

如果认为数学的连续不适用于感官事实，有许多不同的问题就很容易被混淆起来。按其普遍性大小的顺序，我们可将这些问题陈述如下：

(a) 具有数学连续性的系列在逻辑上是否可能？

(b) 假定它们在逻辑上是可能的，是否因为在实际的感觉材料中没有如在分数系列中所看到的那种固定的相互外在的项，具有数学连续性的系列就不能应用于实际的感觉材料呢？

(c) 点和瞬间的假定是否使全部数学的说明成为虚构的？

(d) 最后，假定所有这些驳难都得到了回答，在实际经验的事实上，是否还有任何充足的理由相信感官世界是连续的？

我们依次来考察一下这些问题。

(a) 关于数学连续性的逻辑可能性问题，其关键一部分在于我们在本讲开头谈到的那个基本的误解，一部分在于我们将在下面两讲讨论的数学无限性的可能性，一部分在于对刚刚提到的柏格森驳难的回答的逻辑形式。此刻我对这个问题不拟多说什么，因为最好首先把心理学的回答搞完。

(b) 关于感觉材料是否由相互外在的单位构成的问题不是经验证据所能判定的问题。人们常常极力主张，可感觉之流，作为一个直接经验的事实，是无区别的，理智的解析则把它曲解了。我现在不打算论证这种观点是与直接经验矛盾的，我只想说，这种观点根本不可能为直接经验所证明。如上所见，感觉材料必有一些细微而不能感知的差别，感觉材料之为直接的所予这个事实并不意味着它们的差别也必然是（虽然可能是）直接被给予的。例如，假定有一带色的平面，面上的颜色渐渐改变，渐渐地以至于感觉不到两个邻近的部分有颜色的差别，而离得较远的部分的差别则是很显著的。在这种情形中所产生的正是“相互渗透”的结果，过渡的结果，这种结果不是各个孤立的单位的事情。人们既然倾向于认为颜色是直接的材料，如果它们是不同的，就必然显现为不同的，于是就似乎容易得出结论说，“相互渗透”必然是根本正确的解释。但是这个结论是得不出来的。人们不自觉地假定了下面一点作为证明分析观点之谬误的前提，即：如果 A 和 B 是直接的材料，并且 A 不同于 B，那么它们是不同的这个事实必然也是一个直接的材料。很难说明这个假定是怎么产生的，但是我想它跟“亲知”

和“关于（对象的）知识”的混淆有联系。亲知是从感觉得来的，至少在理论上并不含有些微“关于（对象的）知识”，就是说，它并不含有关于我们亲知的对象的任何命题的知识。说似乎有不同程度的亲知是错误的，只有亲知与非亲知之别。例如，当我们说对某人“更亲知”（更熟悉）时，我们的意思必是说对某个整体的更多的部分有亲知；但是对各个部分或者是完全的亲知，或者根本没有亲知。因此说我们如已完全地亲知一个对象就应知道关于它的一切，这是错误的。“关于（对象的）知识”是命题的知识，并不必然包含在对命题成分的亲知中。知道颜色的两种色调不同，是关于这两种色调的知识；因此对这两种色调的亲知决不以是否知道它们是不同的为必要条件。

由上所说可以推知，感觉材料的性质不能有效地被用来证明它们不是由相互外在的单位组成的。另一方面，可以承认，在感觉材料的经验特性中没有任何东西特别使我们必须认为它们是由相互外在的单位组成的。要坚持这个观点，必须有逻辑的而不是经验的根据。我相信，这个结论有充分的逻辑的根据。归根到底，逻辑的根据是建立在不假定成分就不可能说明复杂性这一点上的。无需否认，例如视域是复杂的；就我所能看到的而言，那些虽承认这种复杂性而又企图否认它来自相互外在的单位的结合的理论总是自相矛盾的。但是继续详论这个问题会使我们离题太远，因此我现在对这个问题不再多说什么了。

(c) 有些时候人们极力主张，对运动的数学说明由于假定了点和瞬间而成为虚构的。这里要区别开两个不同的问题，一个是绝对或相对时空的问题，一个是占有时空的东西是否必然由无广延、无绵延的元素组成的问题。这两个问题每个又可采取两种形式，即：(α) 这个假设与事实和逻辑是否相容？(β) 这个假设是否为事实或逻辑所必需？在每种情形中，我对问题的第一种形式都要回答是，而对问题的第二种形式回答否。但是如果给“点”和“瞬间”二词以正确的解释，那么在任何情况下对运动的数学说明都不会是虚构的。对每种情形略说几句就可以把这一点弄清楚的。

从形式上看，数学采取一种绝对时空的理论，即假定除了在时空中的事物之外，还有被称为“点”和“瞬间”的实体，它们为事物所占有。不过，这个观点虽为牛顿所倡导，数学家们却久已认为只是一个方便的虚构。就我所能看到的而言，无论支持还是反对它，都没有可以设想的证据。这个观点在逻辑上是可能的，而且与事实是相容的。但是事实与否认具有时空关系的事物之外的时空实体之存在也是相容的。因此，根据“奥卡姆剃刀”，我们最好既不假定也不否定点和瞬间。就实际作为来说，这意味着我们采取关系理论，因为在实践上拒绝假定点和瞬间与否定点和瞬间具有同样的效果。但是在严格的理论上这二者是大不一样的，因为否定点和瞬间导入了一个不可证实的教条的成分，当我们仅仅避而不作此断定时是完全没有这种教条的成分的。因此，尽管我们将从事物推出点和瞬间，但是对于它们是否也像单纯实体一样具有独立存在这种纯粹的可能性，我们则置而不论。

现在我们来讨论是否要把时空中的事物看作是由没有广延或绵延的元素即只占有点和瞬间的元素组成的问题。形式上，物理学在其微分方程式中假定了事物是由在每个瞬间仅占据一个点但持续存在于全部时间的元素构成的。根据第四讲中所说的那些理由，事物在整个时间的持续存在应被看作逻辑构造的形式的结果，而不必然意味着任何实际的持续存在。事实上，使事物分解为点一粒子的同样的动机大概也应使事物分解为瞬间一粒子，从而物理学上物质的究极的形式成分就将是一个点一瞬间一粒子。但是这种对象与物理学的粒子一样，都不是直接材料。同样，假设的经济迫使我们实际采用相对时空而不采用绝对时空，也迫使我们实际采用具有有限广延和绵延的物质元素。如第四讲中所看到的，既然点和瞬间可构造为这些元素的逻辑函项，那么对运动（在这个运动中粒子不断地穿过一系列连续的点）的数学说明就可以这样一种形式加以解释，即只假定在具有有限广延和绵延上与我们的实际材料相一致的元素。这样，就点和瞬间的使用来说，对运动的数学说明就可以不被指责为利用虚构了。

(d) 但是现在我们必须面对这个问题：在实际的经验事实

上，是否有任何充足的理由相信感官世界是连续的？我想，对这个问题的回答必然是否定的。我们可以说，连续性假设与事实和逻辑是完全一致的，而且在技术上比任何其他可持的假设都更简单。但是由于我们对非常相似的可感对象加以辨别的能力不是无限精确的，对仅在涉及辨别限度之外的东西上才有所区别的各种不同的理论要作出判定是极不可能的。例如，如果我们看到的一个带色的平面是由有限数目的极小平面构成的，我们看到的一个运动像放映电影似的由很大的有限数目的连续位置构成的，那么就没有任何可在经验上发现的东西能表明感官对象不是连续的。在被认为是在感觉上给予的所谓经验到的连续性中有一个巨大的否定的因素，即在被认为给予了对缺乏差别的知觉的情形中却缺乏对差别的知觉。例如，当我们不能区别颜色A和颜色B，也不能区别颜色B和颜色C时却能区别颜色A和颜色C，这种不可区别性是一个纯粹否定的事实，即我们没有感知一种差别。即使对直接材料来说，这也不是否认存在差别的理由。因此，如果我们看到一个带色的平面，其颜色渐渐改变，如果这个变化是连续的，那么这平面的可感的现象同它在颜色以微小有限的跳跃发生改变时的现象就会无法辨别。如果像表面看来那样，这是真的，那么就可得出结论，决不可能有任何经验的证据证明可感的世界是连续的，而不是由很大的有限数目的元素组成的集合，这些元素中每个与其相邻的一个都有极小而有限程度的差别。时空的连续性，在光谱上无穷多的不同色度，等等，全都具有不可证实的假设的性质，它们在逻辑上是完全可能的，与已知的事实是完全一致的，而且比其他可持的任何假设在技术上都更简单，但它们不是惟一在逻辑上和经验上恰当的假设。

如果构造一个关于瞬间的关系性理论，把“瞬间”定义为一组彼此同时而不全都与组外任何事件同时的事件，那么，我们所得的这个瞬间系列要成为致密的，则 X 若全部先于 Y，就必可发现有一事件 Z 与 X 中全部先于某个全部先于 Y 的事件的那个部分同时。这就要求有关事件的数目在任何有限的时段中都应该是无限的。如果一个人的感觉材料的世界就是如此，如果每个感觉材料必然具有至少是一定的有限的时间范围，那么就必须假定，我们永远有无穷多的与任一给定的感觉材料同时的感觉材料。把相同的考虑用于空间，并假定感觉材料必然具有至少是一定的空间广延，就必须假定有无穷多的感觉材料在空间上与任一给定的感觉材料相重叠。如果我们假定例如视觉中的一个单独的感觉材料是一个有限的平面，包围了也是单独感觉材料的其他一些平面，那么这个假设就是可能的。但是在这样一个假设中有一些困难，我不知道对这些困难能否成功地作出回答。如果不能，我们就必须在下面两件事中做一件事：或者宣布一个人的感觉材料的世界不是连续的，或者拒绝承认一个单独的感觉材料的绵延和广延有任何更低的限度。我不知道在这两者中哪个是应当采取的正确的做法。我们所考察的逻辑分析提供了处理各种假设的工具，而在各种假设中作出经验的抉择则是心理学家的问题。

(3) 现在我们要来考察对数学运动理论所提出的困难的逻辑的回答，或者更正确地说，对从反对方面提出的积极理论的逻辑的回答。柏格森明确主张而在许多哲学家的学说中都暗含着的观点认为，运动是某种不可分的东西，不能有效地分析为一系列的状态。这是一个更普遍的理论的一部分，这个理论认为，分析永远是歪曲伪造，因为一个复杂整体的诸部分当结合于该整体中时是跟它们处于其他情况下时不同的。很难以任何具有确切意义的形式来陈述这个学说。人们常常使用的一些论证与这个问题毫不相干。例如，人们强调说，当一个人变成父亲时，他的性质就因他所处的这种新的关系而改变了，因此严格说来，他与先前不是父亲的那个人不是同一的。这也许是真的，但这是一个心理学的因果事实，而不是一个逻辑的事实。这个学说大概是要求一个是父亲的人不可能严格地与一个是儿子的人相同一，因为他一方面被父亲性的关系所改变，另一方面又被儿子性的关系所改变。事实上，我们正在反对的这个学说可以如下形式给以精确的陈述，即：绝不可能有两个关于同一事物的事实。关于一个事物的一个事实永远是或者包含着对一个或更多存在物的一种关系；因此关于同一事物的两个事实就会包含这同一事物的两种关系。但是这个学说主张，一个事物这样被它的关系所改变，以致它在这个关系中和在那个关系中不可能是同一个事物。因此，如果这个学说是真的，那么关于任何一个事物就决不可能有一个以上的事实。我并不认为，这些哲学家们已经领悟，这就是对他们鼓吹的那种观点的精确陈述，因为在这种形式上，那种观点与普通的真理是如此相违，以致一经陈述其谬误就昭然可见了。不过，对这个问题的讨论包含很多逻辑上的细微之处，而且为许多困难所纠缠，所以现在我不拟做更多的探讨了。

上述这种一般的理论一被否弃，那么凡有变化之处必有状态的接续这一点就是显而易见的了。除非有某个东西在一个时间上不同于在其他某个时间上存在的东西，就不可能有变化，而运动只是变化的一个特殊情形而已。因此变化必然包含关系和复杂性，而且必然需要分析。如果我们的分析仅仅进行到其他更小的变化，那是不完全的；如果要成为完全的分析，其终点必须是一些不是变化然而由先后关系联系起来的事项。在像运动这样显现为连续的变化情形中，如果我们讨论的是有限（不论如何短）的时段，那么要找到不是变化的任何东西似乎是不可能的。于是我们就被这种情形的逻辑必然性赶回到无绵延的瞬间概念，或者说这种瞬间无论如何没有即使最精密仪器所能显示的任何绵延。这个概念虽然也可能被弄得好像很难，但是实际上它比事实所容许的其他任何概念都更容易。它是任何站得住脚的理论都必须适应的一种逻辑框架，其本身并不必是对粗糙事实的陈述，而是可通过一种适当的解释作出适用于粗糙事实的陈述的一种形式。在前几讲中我们已经直接考察了物理世界的粗糙事实；在这一讲中我们则只是要指出，粗糙事实中没有任何东西与数学的连续性学说是不相容的，或者需要一种与数学运动的连续性根本不同的连续性。

第六讲　无限性问题之历史的考察

大家会记得，我们曾列举对可感世界的实在性提出疑问的若干理由，其中之一就是人们所假定的无限性和连续性的不可能性。由前面对物理学的讨论来看，似乎不存在有利于证明感官对象或物质中无限性或连续性的决定性的经验证据。不过，从科学的观点看，假定无限性和连续性的那种说明较之任何其他的说明仍然是极其容易和自然的，而且由于康托尔已经证明人们所设想的一些矛盾是虚幻的，那就再也没有任何理由去追求对世界的一种有限论的说明了。

人们所设想的连续性的困难，其根源全在这个事实，即一个连续的系列必有无穷多的项，连续性的困难实即关于无限性的困难。因此，解除无限性的矛盾，同时就证明了科学上所假定的连续性的逻辑可能性。

我们可以康德的头两个二律背反为例来说明无限性被用以使人怀疑感官世界的那种方法。在第一个二律背反中，正题是："世界在时间上有一个开端，在空间上有一个界限。"反题是："世界在时间上没有开端，在空间上没有界限，无论在时间上和空间上，世界都是无限的。"康德宣称对这两个命题都做了证明，然而，如果我们关于现代逻辑所说的话有任何真理性，那么要证明任何一个命题都是不可能的。无论如何，为了拯救感官世界，摧毁其中一个命题的证明也就足够了。对我们当前的目的来说，使我们感兴趣的是关于世界是有限的那个证明。康德在这个证明中对空间的论证是建立在他对时间的论证之上的。因此我们只需考察他对时间的论证。他的论证如下：

"试假定世界在时间上没有开端，从而在到达每个给定的瞬间时，无穷的时间已经过去了，因此在世界上有一个无穷系列的事物的连续状态已经过去了。但是一个系列的无限性恰恰在于，它永不可能由连续的综合所完成。因此，一个无穷的过去的世界系列是不可能的，于是世界有一个开端乃是世界存在的必要条件；这是要加以证明的第一点。"

对这个论证可能有各种不同的批评，但是我们将只做一点点最低限度的批评。首先，把一个系列的无限性定义为"不可能由连续的综合所完成"是错误的。我们在下一讲中将看到，无限性的概念主要是类的属性，而且只能引申地应用于系列；无穷类是通过定义其分子的属性而同时被给予的，因而并不存在“完成”的问题或“连续的综合”问题。“综合”这个词，由于暗示综合的心理活动，多少有点秘密地引入了全部康德哲学都沾染上的那种同心灵的关联。其次，当康德说一个无穷系列“永不”可能由连续的综合所完成时，他有权利（即使是想像的）说的一切不过是说无穷系列不可能在有限时间内完成。因此他实际证明的顶多是：如果世界没有开端，它必已存在了一个无限的时间。然而，这是一个非常可怜的结论，决不适于他的目的。如果愿意的话，达到这个结果我们就可以向第一个二律背反告别了。

不过，康德怎么会犯这样一个基本的错误，还是值得思考的。在他的想像中出现的显然是像下面这样的东西：从现在出发，在时间上进行回溯，如果世界没有开端，就有一个无穷的事件系列。正如我们从“综合”一词看到的，他想象有一个心灵力图在与这些事件发生顺序相反的顺序上，即从现在向后回溯，来连续不断地把握这些事件。这个系列显然是一个没有终点的系列。但是直到现在的事件的系列是有终点的，它以现在为终点。由于他在心理习惯上根深蒂固的主观主义，他没有注意到，他用回溯的综合代替前进的事件，就已完全改变了系列的涵义，因此他认为必须把没有终点的心理系列与有终点但无开端的物理系列加以等同。我认为，正是这个错误不自觉地起作用，使他把一个毫无价值的谬误推理视为正当有效。

第二个二律背反说明连续性问题从属于无限性问题。正题是："世界上一切复合的实体都是由简单的部分构成的，无论什么地方存在的只有简单的东西或由简单的东西组成的东西。"反题是："世界上任何复合的东西都不是由简单的部分构成的，无论什么地方都不存在简单的东西。"像前一个二律背反一样，对这个二律背反的正题和反题的证明也遭到批评，但是为了维护物理学和感官世界，只要找出其中一个证明的谬误也就足够了。为此我们选择了反题的证明，其开头如下：

"假定一个复合物（实体）是由简单的部分构成的。既然一切外在关系，因而一切实体的组合都只有在空间中才是可能的，那么复合物所占的空间和复合物一样都必定是由许多的部分构成的。然而空间并不是由简单的部分而是由诸空间构成的。"

他的论证的其余部分我们无需涉及，因为这个证明的核心就在"空间并不是由简单的部分而是由诸空间构成的"这一断语。这正如柏格森之驳斥"认为运动由诸多不动状态构成的荒谬命题"。康德没有告诉我们，他为什么主张一个空间必由诸空间而不是由诸简单部分构成。几何学认为空间是由点构成的，点是简单的；如前所见，尽管这个观点不是科学上或逻辑上必然的，但表面看来它还是可能的，而它的这种纯粹的可能性就足以使康德的论证归于无效。因为如果他对这个二律背反的正题的证明是正确的，又如果反题只能通过假定点来避免，那么这个二律背反本身就会提供一个支持点的决定性的理由。那么康德为什么认为空间不可能是由点组成的呢？

我想大概有两点考虑影响了他。首先，关于空间主要的东西是空间顺序，而仅仅点本身是不能说明空间顺序的。他的论证显然假定了绝对空间；但是惟有空间关系才是重要的，而且它们不可能归结为点。因此，他的观点的这个根据依赖于他对顺序的逻辑理论的无知以及在绝对空间和相对空间之间的摇摆。但是他的观点还有另外一个根据，它和我们现在谈论的题目更有关系。这就是从无限可分性得来的根据。一个空间可分成两半，然后再分成两半，如此以至无穷，而在这个过程的每个阶段上，各个部分仍是空间，而不是点。要用这种方法达到点，就必须走到一个无限过程的终点，这是不可能的。但是正如无穷类虽不能由连续枚举得到，却可由其定义概念一下子提供出来，同样地点的无穷集合虽永不能由连续分割的过程得到，却可在组成直线或面积或体积时一下子提供出来。因此空间的无限可分性并没有提供任何根据来否定空间是由点组成的。康德没有为这种否定提出自己的根据，因此我们只能猜测这些根据是什么。但是上面两点根据我们已经看到是谬误的，它们似乎足以说明他的观点，因此我们可以得出结论说，第二个二律背反的反题是未被证明的。

上面对康德二律背反的说明只是为了指出无限性问题与感官对象的实在性问题大有关系。在本讲剩余的时间里，我想讲述和解释无限性问题，指出这个问题是怎样产生的，并指出哲学家们提出的一切解决办法都不恰当。在下一讲中我将试来解释已由数学家发现，但本质上属于哲学的真正的解决。这个解决使所有仔细研究它的人都感到满意和信服，在这个意义上，它是确定无疑的解决。人类理智被这个问题困扰了两千多年；它的许多的失败和它的最后的成功使这个问题特别适用于作为说明方法的例证。

这个问题最初似乎是像下面所说的那样产生的。[①] 毕达哥拉斯及其门徒像笛卡儿一样对数之应用于几何学有兴趣，他们在几何学中采用了比我们熟悉的欧几里得的那些方法更加算术化的方法。他们或者他们的同时代人原子论者显然认为，空间是由不可分的点组成的，时间是由不可分的瞬间组成的。[②] 这个信念本身大概还没有引起他们所碰到的困难，但是与此相伴可能另有一个信念，即认为点的数目在任何有限范围内或瞬间的数目在任何有限的时段内必然是有限的。我并不设想这是一个自觉的信念，因为他们也许是没有想到还有别的可能性。但是这个信念还是起了作用的，它很快就使他们与自己发现的事实发生了冲突。不过，在说明这是如何发生的之前，我们有必要对“有穷数”一词略加解释。精确的解释是下一讲的事情；现在我只是说明，我所谓0，1，2，3，等等，永远是指能以连

---

① 有关早期希腊哲学家的东西，我的知识大多得自伯内特富有价值的著作《早期希腊哲学》(第2版，伦敦，1908年)。我也得到三一学院D·S·罗伯逊先生的大力帮助，他弥补了我的希腊语知识之不足，并使我注意到一些重要的参考文献。

② 参见亚里士多德，《形而上学》，M6，1080b，18行以下和1083b，8行以下。

续加 1 而得的任何数。这包括所有能用我们通常的数词来表达的数。由于这些数可以搞得愈来愈大而又永远达不到一个超不过的极大，我们就很容易想像不存在任何其他的数。但是这个设想虽很自然，却是错误的。

毕达哥拉斯学派自己是否相信时空是由不可分的点和瞬间组成的，这是一个有争论的问题。[①] 他们似乎还没有明白地区别空间和物质，因此，当他们表达了一种原子论的观点时，很难判定是指物质微粒还是指空间的点。亚里士多德《物理学》中有一段很有意思的话，[②] 他说：

“毕达哥拉斯学派都主张虚空存在，而且认为它从无边无际的呼吸进入天宇，因为天宇也在虚空中呼吸着；虚空使自然物发生区别，它好像是对连续物的一种分离，好像是对它们的区分；而这首先也是数的情形，因为正是虚空使数区分开来。”[③]

---

① 有某种理由认为毕达哥拉斯学派区别了分离量和连续量。G·J·奥尔曼在《从泰勒斯到欧几里得的希腊几何学》中说（第 23 页）：“毕达哥拉斯学派把数学分为四部分，其中一部分属于对若干（how many）的研究，另一部分属于对多少（how much）的研究；而且他们又把两个部分各分为二。因为他们说，分离量或若干，或者独立自存，或者必须与某个别的量相联系来考察；但是连续量或多少，则或者是固定的，或者是处于运动中的。因此他们断定说，算术是思考独立自存的分离量，而音乐则是考虑与其他量相联系的分离量；几何学是考察不动的连续量；而天文学则思考具有自动性质的连续量。（《普罗克洛斯》，弗里德莱因编，第 35 页。关于连续量和分离量的区别，见扬布里库：《杰拉萨的尼科马库斯〈算术引论〉评注》，滕奴里乌斯编，第 148 页。）”参见第 48 页。

② 伯内特在《早期希腊哲学》第 120 页上曾引用这一段话。

③《物理学》，iv. 6. 213b，22；H·里特和 L·普雷勒：《希腊哲学史》，第 8 版，哥达，1898 年，第 75 页（此书下引均简作“R. P.”）。

这似乎意味着他们认为物质是由其间带有空的空间的原子构成的。但果如此，则他们必认为空间可通过仅仅注意原子来加以研究，因为否则就难以说明他们在几何学上的算术方法，也难以说明他们所说的“事物是数”的论断。

毕达哥拉斯学派在试图应用数时遇到的困难是由于发现了不可通约数而产生的，而这个发现则是像下面所说那样产生的。正如我们年轻时都学过的，毕达哥拉斯发现了直角三角形两夹边平方之和等于弦的平方这个定理。据说，当他发现了这条定理时，曾献祭了一头牛；果真如此，这头牛就是科学的第一个殉难者了。这个定理虽然一直是使他赢得不朽英名的主要功绩，但是人们很快就看到这个定理对他的整个哲学有一种致命的后果。试看两夹边相等的直角三角形的情形，这种三角形是由两条形成直角的边和一条斜边构成的。根据毕达哥拉斯定理，这里斜边的平方是任一夹边的平方的两倍。但是毕达哥拉斯或他早期的门徒很容易证明，一个整数的平方不可能是另一整数的平方的两倍。[①] 因此夹边之长和斜边之长是不可通约的；这就是说，不论你取的长度单位多么小，如果它以精确的倍数

① 毕达哥拉斯的证明大致如下。假如可能，设斜边和夹边之比为 m/n，m 和 n 是没有共同因子的整数。因此必然 $m^2=2n^2$。一个奇数的平方是奇数，但是 m^2 既然等于 $2n^2$，却是偶数。因此 m 必是偶数。但是一个偶数的平方可除以 4，而 n^2 是 m^2 之半，因此必是偶数。因此 n 必是偶数。但是既然 m 是偶数，而且 m 和 n 没有共同因子，n 必是奇数。因此 n 必既是奇数又是偶数，而这是不可能的；因此斜边和夹边之比不可能是一个有理数。

被包含在夹边中，那么它就不能以任何精确的倍数被包含在斜边中，反之亦然。

现在这个事实也许没有多大困难就被某些哲学消化了，但是对毕达哥拉斯的哲学来说它确实是致命的。毕达哥拉斯认为，数是万物的构成要素，然而没有两个数能够表达夹边和斜边的比例。我们如果假定毕达哥拉斯认为线的长度是由它所包含的原子的数目决定的（2 英寸长的线包含的原子是 1 英寸长的线所包含的原子的 2 倍），似乎就可以扩大他的困难而并不背离他的思想。但是如果真是这样，那么在任何两个有限的长度之间都必然有一个确定的数字的比例，因为已经假定每条线包含的原子的数目不论多么大，都必是有限的。这里有一个无法解决的矛盾。据说，毕达哥拉斯学派决定对不可通约数的存在严守秘密，只告诉这个团体的少数几个最高的头头；据说其中的一个，美达彭森的希帕索斯由于不敬神把这个可怕的发现泄露给了敌人，竟遭海上沉船之灾。必须记住，毕达哥拉斯既是一门新科学的教师，又是一种新宗教的创始人。他的门徒如果对科学产生怀疑，就会陷入罪孽，甚至也许要罚吃豆子，在毕达哥拉斯看来，吃豆子像吃父母的骨头一样不祥。

随着时间的推移，最早由不可通约数之发现所引起的问题已表明是人类理智在理解世界上所遇到的最困难又最有深远影响的问题之一。它同时表明，如果要对长度做精确的数的量度，就必须有一种比古代人所有的更高更难的算术。因此古代人就着手在不假定数的量度普遍可能的基础上改造几何学，正如在欧几里得那里可以看到的，他们以卓绝的技巧和极大的逻辑敏锐力完成了这一改造。近代人在笛卡儿几何学的影响下，重新肯定了数的量度是普遍可能的，他们部分地为此之故把算术扩大到把连现在所谓“无理”数（即得出不可通约的长度比例的数）都包括进去了。虽然人们长久使用无理数而毫不怀疑，但只是到了近年才提出了逻辑上满意的定义。用这些定义已经解决了毕达哥拉斯学派所遇到的难题的第一种和最明显的形式；但这个难题的其他一些形式仍有待考察，而且就是这形式把我们引到纯粹形式的无限性问题。

我们已经看到，既然承认一个长度是由点组成的看法，那么不可通约数的存在就证明每一有限的长度必包含无穷多的点。换言之，如果我们要把这些点一个接一个地拿掉，那么不论这个过程持续多久，我们都永远不会把所有的点拿掉的。因此点的数目是不可数的，因为数数就是把事物一个一个地列举出来。不可数的性质是无穷集合的特点，而且是它们的许多悖论性质的根源。这些性质是如此之悖理反常，以致直至今日人们都认为它们构成逻辑的矛盾。从芝诺[①]到柏格森的一系列哲学家都把他们的形而上学大部分建立在假定的无穷集合之不可

① 关于芝诺和毕达哥拉斯学派，我从P·E·B·茹尔丹先生处得到很多有价值的知识和批评。

能上面。大致说来，芝诺已经陈述了这些困难，直到波尔查诺的《无限的悖论》一书，并没有增加什么实质性的东西。波尔查诺的这部著作是一本小书，写于1847至1848年，死后于1851年出版。从芝诺到波尔查诺，所有探究这个问题的尝试都是无用的，微不足道的。对这些困难的确实解决应归功于康托尔，而不是波尔查诺，康托尔关于这个问题的著作最早于1882年问世。

为了理解芝诺，并且认识到现代正统形而上学并没有给希腊人的成就增加什么东西，我们必须对芝诺的老师巴门尼德略做考察，那些悖论就是为了支持他而创造出来的。[①] 巴门尼德在一首诗中阐述了他的观点，这首诗分成两个部分，叫做“真理的道路”和“意见的道路”，这二者就如布拉德莱先生的“现象”与“实在”之分，只是巴门尼德首先谈实在，然后谈现象。大致说来，在巴门尼德哲学中，“意见的道路”是指毕达哥拉斯主义；他的诗篇这一部分开头就预告说：“这里我将结束我对真理的确实可信的谈话和思想。从此你要学习凡人们的意见，且听我的诗句的骗人虚构吧。”此前的事已由一位女神宣示出来，她告诉他真实的存在是什么。她说，实在是不被创造，不可毁灭，不变化、不可分的；它是“在巨大锁链的束

① 因此柏拉图在《巴门尼德篇》中让芝诺发言赞成巴门尼德的全部哲学；一切内外证据都证明了这个观点。

缚中不动的，没有开端也没有终点；因为产生和消逝已被远逐，真正的信念已把它们抛弃”。他的研究的基本原则用一句话来说，就是：“你不可能知道非存在（那是不可能的），也不可能说出它；因为可被思维和可能存在是同一回事。”这个话放在黑格尔那里倒很适当。[①] 巴门尼德又说：“凡是可思和可说者必定存在；因为存在者的存在是可能的，非存在的存在是不可能的。”变化之不可能即由这个原则推出；因为过去的东西都是可说的，所以，根据这个原则，就仍然存在。

因此巴门尼德看来并不是为了神秘的或宗教的理由，而是根据非存在之不可能的逻辑论证，在西方哲学中导入了一个重大的概念，关于在流逝的感觉幻象之后的实在，惟一、不可分和不变的实在的概念。一切伟大的形而上学体系（柏拉图、斯宾诺莎和黑格尔的那些著名的形而上学体系）都是这个基本观念的产物。要把这种观点中的真理与谬误分开是困难的。我想，认为时间是不实在的、感官世界是虚幻的这种论点必须被看作是建立在谬误推理之上的。不过，在某种意义上（这一点感之甚易，而言之实难），时间是实在的一个不重要的表面特征。必须承认，过去和将来都如现在一样是实在的，从时间的羁绊中获得某种解放，乃哲学思维所必需。时间的重要性是实

① 黑格尔说：“真正的哲学是从巴门尼德开始的。”载《黑格尔全集》，1840 年，第 8 卷，第 274 页。

际的而非理论的，是与我们的欲望有关而非与真理有关的。我认为，把事物描绘成从一个外在的永恒世界进入时间之流中，较之把时间看作吞噬万有的暴君的那种观点，给我们以更真实的世界形象。无论在思想上还是在感情上，领悟到时间的不重要，乃是智慧的大门。但是不重要并非不实在；因此对于芝诺支持巴门尼德的那些论证，我们所要说的必然主要是批判性的。

关于芝诺与巴门尼德的关系，柏拉图在《巴门尼德篇》（128A—D）中作了说明，在这篇对话中青年苏格拉底从巴门尼德、芝诺的问答论辩中学习逻辑技巧和哲学上的超然态度。下面是引自周伊特译本的一段对话：

“巴门尼德啊，苏格拉底说，我明白了，芝诺在其著作中也是你的第二自我；他用别的方式把你说的东西说出来，想骗我们相信，他告诉我们的是新的东西。因为你在你的诗里说一切是一，并对此作了卓越的证明；而他则反过来说没有多，并为此提供了令人叹服的证据。像你们这样用不同的方法讲同一件事情，一个肯定一，另一个否定多，来欺骗世人，真是我们大多数人力不能及的一门艺术。

“是的，苏格拉底，芝诺说。你虽敏锐如跟踪追迹的斯巴达猎犬，但是你并没有十分理解我的著作的真正动机，它实际上并不是如你想象的那样抱负不凡；因为你所讲的是一个偶然的情况；我并没有诚心欺骗世人的意思。事实上我的这些著作是为了保护巴门尼德的论证，反对那些嘲笑他的人，这些人指出有许多可笑的和矛盾的结论会从肯定一推出来。我的回答是对主张多的人讲的，我对他们的攻击加倍还击，反驳他们说，他们关于多存在的假设，如果贯彻下去，会比关于一存在的假设更加荒谬可笑。”

芝诺否定运动的四个论证是要揭示由于假定有变化而得到的矛盾结果，从而证明巴门尼德的实在不变的学说。[①] 遗憾的是，我们只能从亚里士多德的著作中了解这些论证，[②] 亚里士多德之讲到它们则是为了驳斥它们。今天的哲学家，自己的学说被反对者引述过的，都会明白，很难期望亚里士多德对芝诺的观点会有一个正确的或恰当的表达；不过，经过仔细的解释，把古往今来一切初学者都要“驳斥”一番的那些所谓“诡辩”重构出来，似乎是可能的。

芝诺的论证似乎都是“对人”设论的；这就是说，它们似乎是假定了反对者所承认的前提，并指出承认了这些前提有可能推出反对者必定否认的结论。为了判定它们是正当有效的论证还是诡辩，我们必须推测一下那些隐含的前提，并判定这些论证所针对的究系何“人”。有些人认为，它们是针对毕达哥

① 米约反对这个解释（《希腊的哲学家—几何学家》，第 140 页注），但是他提出的理由似乎不令人信服。下面的各种解释都有可置疑之处，但都有著名权威的支持。

②《物理学》，vi. 9. 2396（R. P. 136—139）。

拉斯学派的，[①] 而另一些人则认为，它们是要驳斥原子论者的。[②] 相反地，M·艾弗林认为，这些论证是对无限可分性的驳斥，[③] 而M·G·诺埃尔为了有利于黑格尔却认为，头两个论证是驳斥无限可分性，后两个论证则是驳斥不可分的东西的。[④] 在诸如此类令人眼花缭乱的各种解释中间，我们至少不能抱怨自己的选择自由受到了什么限制。

上述讨论提出的历史问题无疑地大都是无法解决的，因为从中取得证据的资料太缺乏了。下面几点看来还是清楚的：

(1) 尽管米约和汤纳里认为芝诺的论证是反对毕达哥拉斯学派的，但是芝诺所急欲证明的是运动实际上不可能，他之所以要证明这一点，是因为他追随巴门尼德否认多；[⑤] (2) 第三个和第四个论证是根据有不可分的东西的假设进行的，无论毕达哥拉斯学派是否采纳，这个假设肯定是为许多人所主张的，

---

① 参见G·米约：《希腊的哲学家—几何学家》，第140页注；P·汤纳里：《论希腊科学史》，第249页；伯内特：《早期希腊哲学》，第362页。

② 参见R·K·盖伊："论亚里士多德《物理学》，Z ix."，载《语言学杂志》，第31卷，尤其是第111页。亦请参阅M·康托尔：《数学史讲演录》，第1版，第1卷，1880年，第168页，不过他后来在该书第3版（第1卷，第200页）中接受了汤纳里的看法。

③ "运动和不可分的东西的主张者"，载《形而上学和道德评论》，第1卷，第382—395页。

④ "运动和埃利亚的芝诺的论证"，载《形而上学和道德评论》，第1卷，第107—125页。

⑤ 参见M·布罗沙尔："埃利亚的芝诺的臆造的诡辩"，载《形而上学和道德评论》，第1卷，第209—215页。

这从被归之于亚里士多德的论文《论不可分的线》中就可看到。至于头两个论证，根据不可分的东西的假设，它们似乎是正确的，而且即使没有这个假设，如果传统的无穷数的矛盾是不可解决的，那么它们似乎也是正确的，不过这个矛盾不是不可解决的。

因此，我们可以得出结论说，芝诺的辩论是反对认为时空由点和瞬间构成的观点的；就其反对有限长度的时空由有限数目的点和瞬间构成这种观点而言，他的论证不是诡辩，而是完全正确的。

芝诺想使我们做出的结论是：多是一种幻想，时空实际上是不可分的。另一可能的结论即点和瞬间的数目是无限的，只要无限带有矛盾，就是不能成立的。在反对运动的四个著名论证之外的一段残篇里，芝诺说：

“如果事物是多，它们必恰如其实际存在那样多，既不多也不少。但是，如果它们正如实际存在那样多，它们在数目上就会是有限的了。

“如果事物是多，它们在数目上就会是无限的；因为在事物之间永远有一些别的事物，而在这些别的事物之间又有一些别的事物。因此事物在数目上是无限的。”①

① 辛普里齐乌斯：《物理学》，140，28D（R. P. 133）；伯内特：《早期希腊哲学》，第364—365页。

这个论证是要证明，如果有许多的事物，事物的数目必然既是有限的，又是无限的，而这是不可能的；因此我们应该得出结论说：只有一物存在。但是这个论证的弱点就在这句话："如果它们正如其实际存在那样多，它们在数目上就会是有限的了。"

这句话不甚清楚，但是它显然假定了确定的无限的数目是不可能的。这个假定我们现在已经知道是错误的了，但是如果没有这个假定，芝诺的论证虽足以（根据某些很合理的假定）排斥有限的不可分的东西的假设，却不足以证明，运动、变化和多是不可能的。但是，无论从什么观点看，这些论证都不是纯粹荒谬的狡辩。它们是严肃的论证，这些论证引起了一些困难，回答这些困难用了两千年的时间，而且即使今天对于大多数哲学家的学说它们还是致命的难题。

芝诺的第一个论证是赛场的论证，伯内特把它意译如下：[①]

"你不可能达到赛跑场的终点。你不可能在有限时间内越过无穷多的点。你在通过全程之前必先通过任一给定的距离之半，在你通过这一半距离之前又须先通过这一半距离之半。如此以至无穷，因而任一给定的空间上都有无穷多的点，而你在

① 《早期希腊哲学》，第 367 页。

有限的时间内是不可能一个一个地接触到无穷多的点的。”[①]

在这里芝诺首先诉诸任何距离无论如何小都可分成两半这一事实。由此自然就推出，一条线上必有无穷多的点。但是，亚里士多德却把他说成是在论证你在有限时间内不可能一个一个地接触到无穷多的点。“一个一个地”一语很重要。(1) 如果涉及的是所有被接触的点，那么你虽然连续地通过它们，但并未“一个一个地”接触它们。这就是说，接触一个点之后，并没有你紧接着接触到的另一个点，没有任何两个点是互相紧接着，而是在任何两个点之间都永远有无穷多其他的点，这些点是不能一个一个地数出来的。(2) 反之，如果涉及的只是相互接续的中间的点，这些点是通过把路程剩余的部分不断分为两半得到的，那么这些点就是一个一个地达到的，而且它们在数

① 亚里士多德说的是：“第一个论证是关于运动不存在的论证，理由是运动的东西到达中点必永远比到达终点更快，关于这个问题在前面已经谈过我们的看法。”《物理学》，第6卷，9. 939B (R. P. 136)。亚里士多德似乎是指《物理学》，第6卷，2. 223AB [R. P. 136A]：“一切空间都是连续的，因为时间和空间被分成同样相等的部分。……因此芝诺的下面这个论证也是错误的，他说在有限时间内不可能通过一个无穷集合，或者说不可能一个一个地接触到一个无穷集合。‘无限的’一词被应用于长度和时间，而且事实上无论就可分性还是就终点而言被应用于一切连续的事物，都有两个涵义。在有限时间内接触到数目无限的事物是不可能的，但是接触到无限可分的事物却是可能的，因为时间本身在这个意义上也是无限的。所以实际上我们是在一个无限的［时间］、而不是在一个有限的［时间］内走过一个无限的［空间］，我们是以无限的事物而不是以有限的事物接触无限的事物。”6世纪的注释家菲洛彭奴斯作了如下的解释：“一个事物如果在一小时内通过一腕尺的空间，既然在每一空间上都有无穷多的点，这个运动的事物就必须接触空间的一切点；因此它要在有限时间内通过一个无穷的集合，而这是不可能的。”(R. P. 136A，摘自菲洛彭奴斯的《亚里士多德〈物理学〉评注》，803，2。)

目上虽是无限的，事实上却都是在有限时间内达到的。他的与此相反的论证可以设想是乞援于下面这个观点的，即：一个有限的时间必是由有限数目的瞬间构成的，在这种情况下，根据连续二分的可能性不可否认的假定，他所说的是完全对的。相反地，如果我们认为这个论证是反对主张无限可分性的人的，那么我们必须设想其进行如下：①“把还需通过的距离不断分成两半所得的点在数目上是无限的，而且是接连相续地达到的，而到达每一点都在到达其前一点之后的一个有限的时间；但是无穷多有限时间的总和必是无限的，因此这个过程永远不会完成。”从历史上看，这很可能是一个正确的解释，但是这个形式的论证是不正确的。如果路程之半需走半分钟，下面1/4路程需走1/4分钟，如此类推，整个路程将需1分钟。按照这个解释，这个论证表面看似颇有力，只是由于下面这个错误的假设，即：除了无限系列的整体之外，不可能有任何东西。我们看到1是在1/2，3/4，7/8，15/16……这整个无限系列之外的，就可知道这个假设是错误的。

芝诺的第二个论证是关于阿基里斯和龟的，这个论证比别的论证更出名。伯内特把这个论证意译如下：②

“阿基里斯永远追不上龟。他必须首先到达龟出发的地点。

① 参见C·D·布罗德先生：“略论阿基里斯与龟”，载《心》，第22卷，第318—319页。

②《早期希腊哲学》，第367页。

那时龟将已前进了一段路。于是阿基里斯必须补上这段路，而龟则又向前进了。他将愈来愈接近龟，但是永远追不上它。”[①]

这个论证与前一个论证本质上是一样的。它表明，如果阿基里斯能追上龟，那必是从他起跑之后经过了无穷多的瞬间。这实际上是对的；但是认为无穷多的瞬间构成一个无限长的时间则是不对的，因此不能得出阿基里斯永远追不上龟的结论。

第三个论证，[②] 即飞矢的论证，是非常有趣的。对这个论证的原文人们有争论。伯内特接受泽勒的改动，意译成这样：

“飞矢是静止的。因为如果每个事物在占据一个与自身相等的空间时是静止的，而飞行的东西在任何瞬间总是占据一个与自身相等的空间，那么飞矢就不可能移动。”

但是照普朗特尔的意见，亚里士多德陈述这个论证的未经修正的原文直译如下：“如果每个事物在以齐一的方式动作时，或是连续运动着，或是连续处于静止，但运动的东西总是在现在中，那么飞矢就是不动的。”这个形式的论证比伯内特的意译更清楚地显示了它的确切含义。

如果说前两个论证并未假定一个有限的空间部分是由一个

---

① 亚里士多德说的是：“第二个论证是所谓阿基里斯论证。这个论证是说，跑得最快者永远追不上跑得较慢者，因为追赶者永远必须首先达到被追赶者刚刚离开的地点，因此跑得较慢者必永远或多或少还在前面。”《物理学》，第 6 卷，9. 239B (R. P. 137)。

② 亚里士多德：《物理学》，第 6 卷，9. 239B (R. P. 138)。

有限系列的接连相续的瞬间构成的，那么这个论证则似乎假定了这个观点；无论如何这个论证之好像讲得有道理似乎就依赖于有致密相连的瞬间这个假设。据说，在一个瞬间中，一个运动的物体是在其所在的地方。在这个瞬间中，它不可能运动，因为那就要求这个瞬间还包含部分。例如，假设一个由一千瞬间组成的时段，并假设飞矢穿过这个时段。在这一千瞬间的每个瞬间上，这支矢都是在它所在的地方，虽然在下一瞬间它又在另外的地方了。它是永远不动的，但是在各瞬间之间，就是说，不是在任何时间上，却必以某种不可思议的方式发生位置的变化。这就是柏格森所说的实在的拍电影式的表现。这个困难愈被调解，它就愈真实。解决就在于连续系列的理论。我们看到很难不假定，箭矢在飞行时在下一个瞬间占据下一个位置；但是事实上并没有下一个位置，也没有下一个瞬间，一旦在想象上领悟了这一点，就可看到这个困难消失了。

芝诺的第四个也是最后一个论证是运动场的论证。[①]

伯内特对这个论证的陈述如下：

第一位置	第二位置
A……	A……
B……	B……
C……	C……

① 亚里士多德：《物理学》，第6卷，9. 239B（R. P. 139）。

“时间的一半可等于时间的一倍。设有三排物体，其中一排（A）静止，其余两排（B，C）以同一速度在相反方向上运动。在它们全都处于途程的相同部分时，B排将通过C排物体之数为其通过A排物体之数的一倍。因此它要通过C所用的时间为其通过A所用的时间的一倍。但是B和C要达到A的位置所用的时间是相同的，因此时间之倍等于时间之半。”

盖伊曾写过一篇有趣的论文解释这个论证。[①] 他对亚里士多德的陈述翻译如下：

“第四个论证是关于两排物体的论证，其中每一排都是由同等数目的同样大小的物体组成的。它们各以同等速度在相反方向上前进时，在一条跑道上交错经过，一排原来占据跑道的终点和中点之间的空间，另一排占据中点和起点之间的空间。他认为，这包含了某一时间之半等于该时间之倍的结论。这个推理的谬误在于，它假定了一个物体在以相同速度通过一个运动中的物体和一个处于静止的同样大小的物体时需要相等的时间。这是一个错误的假定。例如（这个论证这样写道），设AA……是大小相等的静止的物体，BB……是与AA数目相同、大小相等的物体，原先占据从诸A的起点到中点的路程之半，CC……则是原先占据从诸A的终点到中点路程的其余一半的那些物体，这些物体与BB……数目相同，大小和速度相等。

① R·K·盖伊：“论亚里士多德《物理学》，Z ix.”，载《语言学杂志》，第31卷。

于是有三种结果随之而来。第一，当诸B和诸C互相经过时，第一个B到达最后的C的时间与第一个C到达最后的B的时间相同。第二，当此之际，第一个C已经过所有的A，而第一个B则只经过诸A之半，因而只需第一个C所需的时间之半，因为第一个C和第一个B二者每个在经过每个A时都需要相等的时间。第三，与此同时，所有的B已经经过所有的C，因为第一个C和第一个B将同时到达跑道的相反两端。芝诺说，第一个C经过每一个B时所需的时间与它经过每一个A时所需的时间相等，因为第一个B和第一个C经过所有的A需要一个相等的时间。这就是那个论证，但是它是以上述的错误假定为前提的。”

这个论证不是很容易了解的，而且只有在反对有限的时间由有限数目的瞬间组成这个假定上是有效的。我们可以不同的说法把它重新陈述一下。假设有三位教官：A，A′，A″，站成一排，有两队士兵从相反的方向分列行进。在我们考察的最初一刻，站在一列的三个人B，B′，B″和站在另一列的三个人C，C′，C″与A，A′，A″相对应。在紧接着的下一刻，每一列都移动，B和C″现在与A′相对。于是B和C″彼此相对。那么B是何时经过C′的呢？它必然在我们假定为致密相连的两个时刻之间处于某处，因而这两个时刻实际上不可能是致密相连的。由此可推知，在任何两个给定的时刻之间必有其他一些时刻，因而在任一给定的时间间隙都必有无穷多的时刻。

第一位置							
B	B′	B″			B	B′	B″
A	A′	A″		A	A′	A″	
C	C′	C″	C	C′	C″		

第二位置					
		B	B′	B″
	A	A′	A″	
C	C′	C″		

上述这个困难，即B必在两个致密相连的时刻之间的某个时间经过C′，是一个真正的困难，但这并不就是芝诺提出的那个困难。芝诺声称要证明的是“某个时间之半等于该时间之倍”。就我所知，对这个论证的最清楚明白的解释是盖伊的解释。[①] 不过，由于他的解释不易简短地加以表述，我把在我看来是芝诺争论的逻辑本质的东西重新陈述一下。如果我们假定，时间是由一系列致密瞬间组成的，运动就是经过一系列致密的点，那么可能的最快的运动就是在每一瞬间都处于同它前一瞬间所处的点紧密相连的点上的运动。任何较慢的运动必是有其他的点相间隔的运动，任何较快速的运动必完全略掉了若干点。所有这些从我们不可能在每一瞬间有一个以上的事件这个事实即可明白看出。但是在诸A，诸B和诸C的情形中，B在每一瞬间都与一新A相对，因此B所经过的A的数目就是从运动开始以来的瞬间的数目。但是在运动之际，B所经过的是诸C的一倍，然而不可能每一瞬间经过一个以上的C。因此

① R·K·盖伊：“论亚里士多德《物理学》，Z ix.”，载《语言学杂志》，第31卷，第105页。

从运动开始以来的瞬间的数是B所经过的A的数目的一倍，虽然我们先前发现它们的数目相等。芝诺的结论即由这个结果推得的。

芝诺的几个论证在某种形式上为从他那个时代直至今日所构造的几乎所有关于时空和无限性的理论提供了根据。我们已经看到，根据有限的时空由有限数目的点和瞬间构成这个假定，芝诺的论证（加上某些合理的假设）都是正当有效的，第三第四两个论证无疑是根据这个假定进行的，第一第二两个论证或许意在驳斥相反的假定，但在那种情况下却是错误的。因此我们可以下述几种方法来避免芝诺的悖论，一是主张时空虽确由点和瞬间构成，但其数目在任何有限的间隔中都是无限的；二是根本否定时空由点和瞬间构成；三是完全否定时空的实在性。芝诺本人作为巴门尼德的支持者，在这三种可能的演绎中似乎取最后一种，无论如何就时间来说是这样的。在这一点上，有很多哲学家是追随他的。还有许多哲学家，如柏格森，则宁愿否定时空是由点和瞬间构成的。无论哪种解决办法都可以回答芝诺提出这些论证的形式的困难。但是，我们已经看到，如果可以采用无穷数，那么这些困难也是可以回答的。根据独立于时空的一些理由，无论如何必须承认无穷数和没有两个项致密相连的系列。例如，看一看按大小顺序排列的所有小于1的分数。在其中任何两个分数之间，都有其他一些分数，例如这两个分数的算术平均值。因此没有两个分数是致密相连的，而诸分数的总数是无限的。我们将看到，芝诺关于一条线上点的系列所说的大都同样可以适用于分数系列。我们不能否认有分数，因此上述避免芝诺悖论的方法有两种是我们不能采取的。由此可见，如果我们要用类比来解决由芝诺悖论而来的整个一类困难，我们就必须找到某种言之成理的关于无穷数的理论。那么，直至最近30年使哲学家们认为无穷数是不可能的，究竟是一些什么困难呢?

关于无限性的困难有两类，第一类困难可说是虚假的，另一类困难要得到解决则涉及一定的崭新而不甚易解的思想。虚假的困难是由语源学提出的那些困难以及由于混淆了数学的无限和哲学家们不恰当地称为“真”无限的东西而引起的那些困难，从词源来说，“无限的”意为“没有终点”。但事实上有些无穷系列有终点，有些没有终点；有些集合是无穷的但是非系列的，因而严格说来既不能说是无终点的，也不能说是有终点的。从任何前一瞬间到任何后一瞬间（两者都包括在内）的瞬间系列是无穷的，但是有两个终点；从时间的开端到当前此刻的瞬间系列有一个终点，但是无穷的。康德在第一个二律背反中似乎认为，过去之为无限的较之未来更为困难，理由是过去是现在已经完成了的，而任何无限的东西都不可能是完成的。很难了解他怎么会设想这种说法有任何意义；不过最大的可能似乎是他把无限看作“无终点”了。奇怪的是他竟没有看到，未来也有一个终点即是现在，未来和过去恰恰是彼此等同的。

康德认为过去和未来在这方面是不同的，正好说明了时间对人的那种奴隶式的束缚，我们在谈到巴门尼德时都同意，真正的哲学家必须学会摆脱这种束缚。

哲学家的概念中由所谓“真”无限带来的混淆是很奇怪的。他们知道这个概念与数学的无限不是一回事，但是他们又宁愿相信，这个概念正是数学家们亟欲得之而未能的。因此他们恳切然而坚决地告诉数学家们说，他们墨守“假”无限是错误的，因为“真”无限显然是某种全然不同的东西。我们对这个忠告的回答是：其所谓“真”无限者，乃是一个与数学的无限问题全不相干的概念，二者只有一种空幻的字面上的类似而已。二者的差别是如此之远，我甚至不想谈“真”无限究为何物，以免混淆论点。与我们有关的是这个“假”无限，我们必须指出，“假”这个贬词是用之不当的。

不过，在理解无限上确有一些真正的困难，这就是心灵的某些习惯，这些习惯来自对有穷数的考察，而且由于人们错误地以为这些习惯表示逻辑的必然性，很容易把它们推广到无穷数上去。例如，除 0 之外，我们所熟悉的每个数都有一个紧接在它前面的其他的数，每个数都是由在它之前的这个数加 1 而得的；但是第一个无穷数并不具有这种性质。在无穷数之前的那些数构成一个无穷系列，这个系列包含了所有通常的有穷数，它没有极点，没有一个最后的在它之后再进一小步就投入无限的有穷数。如果假定第一个无穷数是通过一小步一小步持续不断地前进而达到的，那么我们很容易指出，这是自相矛盾。事实上，第一个无穷数是超出了有穷数的整个没有终结的系列的。人们会说："但是不可能有任何东西超出整个没有终结的系列。"我们可以指出，这正是芝诺在赛跑场和阿基里斯两个论证中所依据的原则。拿赛跑场论证来看：有一时刻赛跑者还有一半的路程要跑，然后到又一时刻他还有四分之一的路程要跑，然后到又一时刻他还有1/8的路程要跑，如此类推，构成一个确实是没有终结的系列。他到达目的地的时刻是在这整个系列之外。因此在一整个没有终结的系列之外肯定可以有某种东西。但是我们还须指出，这不过是我们意料之中的事。

我认为，这个困难，正如围绕数学无限的大多数更含糊不清的困难一样，来自计数观念的或多或少无意识的作用。如果你着手去计数一个无穷集合的项，你将永远完成不了你的任务。因此，在赛跑者的例子中，如果跑道的一半、3/4、7/8等等都加上标志，而且赛跑者只有在裁判员说了"跑!"才可以通过其中的一个标志，那么芝诺的结论在实际上就会是真的，赛跑者就会永远到达不了目的地。

但是我们能否把一个集合的各个项一一加以检查，这对这个集合的存在乃至关于这个集合的认识和推理并无本质的重要性。在有穷集合的例子中就可以看到这一点；我们可以谈论"人类"，虽然这个集合中的许多个人我们并不亲自认识。我们之所以能这样做，因为我们知道有许多特征是属于这个集合的每个个体所具有的，而不属于这个集合的个体则不具有。无穷集合的情形也正是如此：我们可以根据其特征而知其为无穷集合，尽管这种集合的项是不可举数的。在这个意义上，一个没有终结的系列还是可以构成一个整体，而且在这整个系列之外还可以有新的项。

无穷数的某些纯粹算术的特性也曾引起困惑。例如，一个无穷数加 1 或加 1 倍，并不使这个数增加。诸如此类的特性在许多人看来是违反逻辑的，但事实上它们只是违反了人的心理上的一些顽固的积习而已。这个问题上的全部困难是在于必须以一种人们不熟悉的方式去思考，而且要了解我们以为数所固有的许多性质实际是有穷数所特有的。记住这一点，对于下一讲所要讨论的积极的无限性理论，就不会像那些顽固坚持幼时所学算术所灌输的成见的人那样感到困难了。

第七讲　积极的无限性理论

积极的无限性理论以及由之产生的数的一般理论，乃是哲学上的科学方法取得的一个巨大成功，因而特别适于作为说明这种方法的逻辑分析特性的例证。数学家们已经做过这个课题的工作，其成果可用数学符号系统表达出来。于是，人们也许会说，为什么这个课题应当看作是哲学的而不是数学的呢？这就提出了一个困难的问题，这个问题部分地与语词的使用有关，部分地对理解哲学的功能亦有现实的重要意义。任何题材似乎都既可以产生相应的专门的科学，也可以引起哲学的研究，这两种研究的区别在于活动方向不同，所要确立的真理之种类不同。各门科学在其已经充分发展时，研究活动是向前的和综合的，是从简单到复杂。但是在哲学上我们则沿着相反的方向进行研究：我们是借助分析从复杂而相对具体的东西进到简单和抽象的东西，在这个过程中力求消除原来题材的特殊性，而完全贯注于有关事实的逻辑形式。

哲学与纯数学有一定的相似性，即二者都是普遍的和先天的。二者都不断定如历史、地理那样的依赖实际具体事实的命题。我们可用莱布尼茨的观点来说明哲学和纯数学的这个特征，他认为有许多可能的世界，其中只有一个是现实的。在所有的可能世界中，哲学与数学都会是相同的；只是在描述性科学所记录的那些特殊事实方面才有区别。因此我们的现实世界之有别于其他抽象的可能世界的任何性质，数学和哲学都置而不论。不过，数学和哲学研究一切可能世界所共有的普遍性质的方法则有所不同；数学是从比较简单的命题出发，用演绎的综合去构造愈来愈复杂的结果，哲学则是从常识的材料出发，去把这些材料加以纯化并概括成具有抽象形式的最简单的陈述，这种抽象形式的陈述是可以通过逻辑分析由这些材料得到的。

哲学与数学的区别可以现在讨论的这个问题即数的性质问题为例来说明。二者都是从关于数的检验明白无误的某些事实出发的。但是数学利用这些事实推演出愈来愈复杂的定理，而哲学则通过分析深入到这些事实的背后，去找出更简单、更根本、内在地更适于作算术科学之前提的其他事实。“数是什么?”的问题是这个论题中明显的哲学问题，而数学家只要充分知道数的性质就能演绎定理，他就无需问这个问题。我们讨论的对象既然是哲学的，因此我们必须尽力解决哲学家的问题。我们将可看到，我们在本讲中对“数是什么?”的问题得到的回答，也暗含着对上一讲考察的无限性困难的回答。

直到最近以前，“数是什么?”的问题从未以能够提供一个明确答案的方法考察过。哲学家们满足于诸如“数是多中之一”之类的含糊不定的断语。曾使哲学家们感到满意的一个典型的这类的定义是西格瓦特《逻辑》（第 66 节，第 3 小节）中所说的：“每个数不仅是一个多，而且是一个被认为集合在一起从而成为一的多。”在这种定义中有一个基本的错误，与我们因为有些花是黄的就说“黄是一朵花”时所犯的错误是同类性质的。以数 3 为例。我们可以设想把三个事物的集合描述为“一个被集合在一起从而成为一的多”；但是三个事物的集合并不是数 3。数 3 是三个事物组成的一切集合所共具的某种东西，但其本身并不是一个由三个事物组成的集合。因此，这个定义不仅有别的缺点，而且它也没有达到必要程度的抽象：数 3 是比任何三个事物的集合更抽象的东西。

不过，这类含糊的哲学定义正因其异常之含糊，所以始终没有发生什么作用。大多数思考过数的人心中所想的实际是认为数是计数的结果。西格瓦特在开始讨论数时说：“自发地把数的系列延长到无限的可能性是建立在对计数规律的意识之上的。”认为数是由计数产生的这种观点一直是使人们理解无穷数的主要心理障碍。计数是人们所熟悉的，因而被误以为是简单的，其实它是一个高度复杂的过程，除非计数所得到的数独立于它所由以得到的这个过程而具有一种意义，那么计数是没有任何意义的。无穷数根本不可能用这种方法得到。这个错误与把牛定义为可从牛贩子处买得之物所犯的错误是同类性质的。一个人如果认识一些牛贩子却从没有见过牛，对于他这也许是一个极好的定义。但是如果他出外旅行时经过一群野牛，他就一定会说它们根本不是牛，因为没有一个牛贩子能贩卖它们。同样，无穷数不能通过计数得到，因而也就被宣布为根本不是数。

略费片刻考察一下计数实际是什么，当是值得的。我们计数一组对象时，就是让自己的注意力从一个对象移到另一个对象，直到对每个对象都注意了一次，同时按着每一依次相续的注意活动的顺序说出各个数的名字。在这个过程中最后一个被指名的数就是这些对象的数，因此计数是发现对象为何数的一种方法。但是计数活动实在是非常复杂的，以为它是数的逻辑来源的那些人明显地表现出他们缺乏分析的能力。首先，当我们计数时我们说“一，二，三……”，除非我们赋予一，二，三……这些词以某种意义，否则是不能说我们发现了所数对象的数的。一个儿童可能学习依次认识这些词，像读字母一样正确无误地把它们复述出来，但是并未赋予这些词任何意义。从听他说话的成年人的观点来看，这样的儿童可能正确地数数，但根本没有数的观念。事实上，只有对数是什么已有某种观念的人才能理智地进行计数活动；由此可见，计数并未提供数的逻辑基础。

再说，我们怎么知道计数过程得到的最后的数就是所数对象的数呢？这正是我们过分熟悉而竟至不知其意义的那些事实之一；但是想当逻辑学家的人却必须养成仔细研究这种事实的习惯。这个事实涉及两个命题。第一个命题是：从 1 到任一给定的数，所有这些数的数就是这个给定的数，例如，从 1 到 100 所有的数的数就是 100；第二个命题是：如果有一组数可用作一组对象的名字，每个数只出现一次，那么被用作名字的这些数的数和对象的数相同。在有穷数的范围内，对第一个命题可以很容易地做出算术的证明；但是对于第一个无穷数之后的无穷数来说，这个命题却不再是真的了。第二个命题则对于无穷数也还是真的，而且我们将看到，这个命题事实上是数的定义的一个直接的结果。但是由于第一个命题在涉及无穷数时是假的，计数即使是实际可能的，也不会成为发现无穷集合中诸项之数的有效的方法，而且按照进行计数的方法事实上会提供不同的结果。

已知的无穷数之区别于有穷数有两个方面：第一，无穷数具有一种我称为自反性的性质，有穷数不具有这种性质；第二，有穷数具有一种我称为归纳性的性质，无穷数不具有这种性质。我们且依次考察一下这两种性质。

(1) 自反性。——一个数如果加 1 而不增加，就叫做自反的。由此可立即推知，可把任何有穷数加于一个自反数而不使其增加。直到晚近以前，人们总认为无穷数的这种性质是自相矛盾的；但是通过康托尔的工作，人们已逐渐承认，这种性质初看虽令人感到惊讶，但是它并不是自相矛盾，正如生活在地球相反一面的人并不摔出地球这个事实不是自相矛盾一样。由于无穷数具有这种性质，设有任一对象的无穷集合，我们都可以把任何有限数目的对象加上去或取出来，而并不增加或减少这个集合的数。在某些条件下，甚至把无穷多的对象加上去或取出来，也不改变这个集合的数。我们可借几个例子说明这一点。

假设把所有的自然数 0，1，2，3，……写成一行，紧接着在下面写 1，2，3，4，……

0，1，2，3，……n……

1，2，3，4，……$n+1$……

使得 1 在 0 下，2 在 1 下，如此等等。于是上一行的每个数在下一行中都有一个数直接在它下面，而且没有一个数在任一行中出现两次。由此推知，这两行数的数目必是相同的。但是在下一行中出现的数在上一行中也出现，不过上一行中多一个数，即 0；因此上一行中诸项的数是把下一行的数加一而得到的。因此，只要我们认为一个数必因加以 1 而增加，上述这种情况就构成一种矛盾，而且要导致否认有无穷数。

下面的例子甚至更令人吃惊。试将自然数 1，2，3，

4，……写在上行，将偶数 2，4，6，8，……写在下行，使得上一行中的每个数在下一行中都有它的倍数。于是，像前例一样，这两行数的数目是相同的，然而第二行是从上一行中去掉了所有的奇数（这是一个无穷集合）而得到的。这个例子是莱布尼茨提出来，用以证明不可能有无穷数的。他相信有无穷集合，但是他认为一个数被加时必增加，被减时必减少，因而他主张无穷集合是不具有数的。他说："一切数的数暗含着一个矛盾，这个矛盾我指出是这样的：任何数都有一个对应的等于它的倍数的数。因此一切数的数并不大于一切偶数的数，亦即全体并不大于部分。"① 在讨论这个论证时，我们应当用"一切有穷数的数"代替"一切数的数"；这样我们就得到恰恰如上面两行数所提供的一个例解：一行包括一切有穷数，另一行只包括偶数有穷数。我们将看到，莱布尼茨认为主张全体不大于部分是自相矛盾的。但是"大于"一词是一个可能有多种涵义的词；为了我们的目的，我们必须代之以较少歧义的片语"含有更大数目的项"。在这个意义上，全体和部分相等，并非自相矛盾；正是对这一事实的领悟才使现代的无限性理论成为可能。

在伽利略论运动的对话的第一篇中，对无限的全体的自反性有一段有趣的讨论。我从 1730 年的英译本中引用这一段话。

---

①《哲学著作全集》，格哈特版，第 1 卷，第 338 页。

参加对话的人物是：萨尔维阿蒂、沙格列陀和辛普利齐乌斯，他们的辩论如下：

“辛：这里已经产生了一个我认为无法解决的疑问，这就是：既然明白假定一条线长于另一条线，而且二者都包含无限多的点，我们当然必须推论说，我们在同一种类中发现了大于无限的东西，因为较长的线的点的无限性大于较短的线的点的无限性。但是指定有一个大于无限的无限，是我无法设想的。

“萨：这是我们以有限的理解力讨论无限物所引起的困难之一，我们把赋予有限物的属性赋予无限物，我认为这是不正确的，因为大、小、相等这些属性与无限性是不相符合的，我们不能说一个无限性大于、小于或等于另一个无限性。我想到某种可以证明这一点的东西，我要向引发这个困难的辛普利齐乌斯发问来提出我所考虑的东西。首先，我想你知道什么是平方数，什么不是平方数吧？

“辛：我知道得非常清楚，平方数就是任何数自乘而得的数；例如 4 和 9 是平方数，4 是 2 自乘的结果，9 是 3 自乘的结果。

“萨：很好，你也知道，自乘的积叫做平方，自乘的因子叫做根；其他的数如果不是由数自乘而得的，就不是平方。因此试把所有的数，包括平方数和非平方数，都加以考虑，如果我说非平方数多于平方数，我不是说得对吗？

“辛：毫无疑问是对的。

“萨：那么我们继续谈下去，如果我问你有多少平方数？你会正确地回答说，像它们自己的根一样多，因为每个平方都有自己的根，每个根都有自己的平方，而且任何平方都没有一个以上的根，因而任何根也没有一个以上的平方。

“辛：说得很对。

“萨：但是如果我问有多少平方根，你只能承认像数一样多，因为没有任何数不是一个平方的根。承认了这一点，我们也可以肯定平方数和数一样多；因为有多少平方就有多少根，有多少根就有多少数。然而在开始的时候我们说过，数比平方数多得多，大部分的数不是平方数。当我们继续进到较大的数时，平方与数的比例就愈是减小，数到 100 时，你就发现只有 10 个平方数，即 1，4，9，16，25，36，49，64，81，100，就是说只有1/10是平方数；在 1 万中只有 1%是平方数；在 100 万中只有 1‰是平方数。然而在一个无穷数中，如果我们只得领悟它的话，那么我们可以说，平方与所有的数加在一起一样多。

“沙：那么在这种情况下我们须如何确定呢？

“萨：我看没有别的办法，只有说所有的数都是无限的；平方是无限的，它们的根是无限的，而且平方的数并不少于数的数，数的数也不少于平方的数，于是我们可以得出结论：相等、大、小的属性或词语在无限物中没有地位，而只能用于有限的量。"①

上述讨论中伽利略阐述问题的方法是值得称道的，但是他提出的解决方法并不正确。实际上，平方（有穷）数的数和（有穷）数的数是相同的。只要我们限制在小于某一给定的有穷数的范围内，随着这个有穷数之增加，平方的比例就逐渐趋近于0，这个事实与下面这个事实即一切有穷平方的数和一切有穷数的数相同，并不矛盾。这不过是今天数学家已经熟悉的一个事实的例子，即当变数趋近某个点时，函数的极限与当变数实际达到该点时函数的值可能是不同的。尽管伽利略讨论的无穷数是相等的，但是康托尔已经指出，辛普利齐乌斯不能设想的东西却是真的，就是说，有无穷多的不同的无穷数，而且较大和较小的概念也完全可应用于它们。辛普利齐乌斯的全部困难显然来自他的这个信念：如果较大和较小可用之于无穷数，那么无穷集合的一部分所有的项必较其全体所有的项为少；如果把这个信念否定了，一切矛盾就消失了。至于引起上述讨论的线的长度问题则涉及较大和较小的一种非算术的意义。一条长线和一条短线上的点的数是相同的，事实上所有空间上的点的数都是相同的。测量几何学上的较大较小包含着叠合这个测量学的新概念，这个概念不可能从单纯算术的研究发

①《在四篇对话中对有关力学和位置运动的两门新科学的数学论说》，托斯康尼大公的首席哲学家和数学家伽利略·伽利莱著，格林威治科学院已故院长T·魏斯顿从意大利文译成英文，并由现任院长J·魏斯顿刊印。见第46页以下诸页。

展出来。但是这个问题并不具有属于算术的无限性理论的那种根本的重要性。

(2) 非归纳性。——无穷数之区别于有穷数的第二个特性是非归纳性。我们最好通过对归纳性这种正面性质的定义来说明非归纳性。归纳性是有穷数的特征，是根据通称为“数学归纳法”的证明方法而被名之为归纳性。

我们先考察一下把某个系列中的一种性质叫做“遗传性的”是什么意思。试以姓为琼斯这种性质为例。假定一个人姓琼斯，他的儿子就也姓琼斯；因此我们就其父子关系方面称姓琼斯这种性质为遗传的。如果一个人姓琼斯，那么他的所有男性直系后裔就都姓琼斯；这是来自这种性质是遗传的这个事实。现在我们放下父子关系来考察一下一个有穷数及其直接后继的关系，即如 0 和 1，1 和 2，2 和 3 等等的关系。如果数的一种性质就这种关系来说是遗传的，那么这种性质若属于（比如说）100，它就必然也属于所有大于 100 的有穷数；因为它既然是遗传的，那么由于它属于 100，它也就属于 101，由于它属于 101，它也就属于 102，如此等等——这里这个“如此等等”或迟或早会把我们带到任何大于 100 的有穷数。例如，大于 99 这个性质在这个有穷数系列中是遗传的；一般地说，假定任何一个数具有一种性质，其下一个数也必然总是具有这种性质，那么这种性质在这个系列中就是遗传的。

我们将会看到，一种遗传的性质，虽必然属于所有大于某个具有这种性质的数的有穷数，但不必属于所有小于这个数的数。例如，大于99这种遗传的性质属于100和所有更大的数，但不属于任何小于100的数。同样，姓琼斯这种遗传的性质属于具有这种性质的那些人的所有（男性直系）后裔，但不属于他们的一切祖先，因为我们最后会追溯到第一代琼斯，在他之前的祖先是没有姓氏的。不过，亚当具有的任何遗传的性质显然必定属于所有的人，同样，0所具有的任何遗传的性质必定属于一切有穷数。这就是所谓“数学归纳”原则。当我们想要证明一切有穷数都具有某种性质时，我们常常首先须证明0具有这种性质，然后证明这种性质是遗传的，就是说，如果它属于某个数，那么它就也属于其下一个数。由于这种证明被称为“归纳的”，我就把可做归纳证明的性质称为“归纳的”性质。因此数的归纳的性质就是一种遗传的并属于0的性质。

试以任一自然数，如29为例。不难看出，它必然具有一切归纳的性质。因为既然这些性质属于0而且是遗传的，它们就也属于1；因此，它们既然是遗传的，它们就也属于2，依此类推；把这种论证重复29次，我们就证明了这些性质属于29。我们可以把“归纳的”数定义为所有具有一切归纳性质的数；它们与所谓“自然”数即普通有穷整数是同一的。对所有这样的数都可以有效地应用数学归纳法的证明。可以大致地说，它们是可以从0开始连续不断地加1而得到的那些数；换言之，它们是所有可通过计数而得到的数。

但是在所有这些数之外，还有无穷数，而无穷数是没有任何归纳性质的。因此这样的数可称为非归纳性的。我们根据想像从一个数到下一个数一步步地证明的数的一切性质，一进入无穷数很可能就全都没有了。第一个无穷数没有直接的前趋，因为不存在最大的有穷数；因此从一个数到下一个数步步相继前进永远也不会从有穷数达到无穷数，一步步的证明方法在这里失效了。这是人们以为无穷数是自相矛盾的另一个理由。数的很多最常见的性质，以往人们一直习惯地认为是逻辑必然的，实际上只能用步步前进的方法证明，对无穷数是不适用的，但是我们一旦懂得了这些性质必须用数学归纳法来证明，而这种证明方法的适用范围是极其有限的，就会明白人们设想的矛盾并不违反逻辑，而只是违反了我们的成见和心理习惯。

我们可以由加 1 而增大的性质即非自反性为例来说明数学归纳法的局限性。我们很容易证明，0 加 1 就增大了，如果某个数被加 1 而增大，那么其下一个数即由加 1 而得的数也是如此。由此推知，每个自然数都是由加 1 而增大的。一般地说这是从这个普遍的论证推出来的，而就每一特殊的数来说则是通过对这个论证的大量应用而推出来的。我们首先证明，0 不等于 1；其次，既然由加 1 而增大的性质是遗传的，由此可知 1 不等于 2；由此又可推知，2 不等于 3；如果我们想证明 30 000 不等于 30 001，只须把这个推论重复 30 000 遍就可以了。但是我们不可能用这种方法证明，所有的数都由加 1 而增大；我们只能证明，对于可通过从 0 开始连续加 1 而得的数，这种方法是适用的。具有自反性的数即超出一切可以这种方法得到的数之外的数，事实上并不因加 1 而增大。

无穷数的特征，即自反性和非归纳性这两种性质，迄今尚未证明总是连在一起的。我们已知一切自反性的数都是非归纳性的，但是我们还不知是否一切非归纳性的数都是自反性的。许多作者，包括我自己在内，曾经发表过关于这个命题的错误证明，但直到现在还未发现一个站得住脚的证明。不过，我们实际知道的无穷数都既是非归纳性的又是自反性的；因此，在数学的实践上而不是在理论上，这两种性质总是联系在一起的。既然所有已知的数都或者是归纳性的，或者是自反性的，因此，对我们的目的来说，把也许有非归纳性的非自反性的数这种纯粹的可能性撇开，是方便有利的。

当无穷数最初被介绍给人们的时候，人们往往拒绝把它们名之曰数，因为无穷数的性能与有穷数迥然不同，把它们叫做数似乎是故意滥用名词。为了反驳人们的这种看法，我们现在必须转到算术的逻辑基础，讨论一下数的逻辑定义。

数的逻辑定义对于无穷数理论虽似乎是一个重要的支持，但事实上它是由另外的人独立发现的。无穷数理论（这是指这个理论的算术部分而非逻辑部分）是康托尔发现的，发表于

1882至1883年。[①] 数的定义是大约同时由一位其伟大天才一直未得到应有的承认的人物发现的，我指的是耶拿的弗雷格。他的第一部著作《概念演算》（发表于1879年）包含有关于一个系列中遗传的性质（我在讨论非归纳性时已经谈到这种性质）的极重要的理论。他对数的定义包含在1884年发表的第二部著作，题为《算术的基础，关于数的概念的逻辑—数学的研究》一书中。[②] 算术的逻辑理论即以此书为开端，略微详细地考察一下弗雷格的分析不会是徒劳的。

弗雷格首先注意到对数学证明上逻辑严格性的日益增长的要求，这是现代数学家不同于前人的地方。他指出这种要求必然导致对数的定义作批判的研究。他进而指出，以往的哲学理论，尤其是康德的"先天综合"理论和穆勒的经验论，都是不适当的。这就使他提出一个问题：严格说来，究竟可以把数归于一类什么对象？他指出，物理的东西是可以看做一或多的，例如一棵树有一千片叶子，它们可被集在一起来看构成树叶，我们可把整个树叶算做一，而不是一千；一双靴子和两只靴子是同一对象。由此可见，物理的东西不是可用数来恰当述谓的主词；因为当我们发现了真正的主词时，被归之于它的数必须

① 见他的著作《普通集合论基础》和《数学会议录》第2卷上的论文。

② 我在不知道弗雷格著作的情况下曾重新发现了此书中所包含而在《算术原理》（第1卷，1893年；第2卷，1903年）中详细论证的数的定义。我愿尽可能强调地指出（人们似乎仍然常常忽视这一点），弗雷格的发现比我早18年。

是毫不含糊的。由此又进而讨论了认为数实际是某种心理的主观的东西的非常流行的观点，弗雷格断然否定了这种观点。他说：“数正如北海一样不是心理学的对象或心理过程的产物。……植物学家要对植物有所陈述，他讲的无论是花瓣的数目，还是花的颜色，同样都是事实。二者都不是我们的主观臆想所决定的。因此在数和颜色之间有某种相似性；但是这种相似性并非二者都是外间事物中可感知的东西，而是在于二者都是客观的。”（第 34 页）

弗雷格继续说：“我把客观的与可触的、空间的与实在的区别开来。地球的轴、太阳系质量中心是客观的，但是我不会称它们为实在的，像地球本身之为实在的那样。”（第 35 页）他的结论是：数既不是空间的和物理的，也不是主观的，而是非感性的和客观的。这个结论很重要，因为它适于数学和逻辑的一切对象。大多数哲学家一直认为，物理的东西和心理的东西二者一起穷尽了全部的存在。有些哲学家论证说，数学对象显然不是主观的，因而必然是物理的和经验的；另一些哲学家则论证说，数学对象显然不是物理的，因而必然是主观的和心理的。这两派就其所否定的东西而言都是正确的，就其所肯定的东西而言则都是错误的；弗雷格的功绩在于接受了这两派所做的否定，并且找到了第三种主张，即承认有既非心理的又非物理的逻辑的世界。

正如弗雷格指出的，事实上任何数，即使 1 这个数，都不可能应用于物理的东西，而只能应用于诸如“人”，“地球的卫星”，“金星的卫星”之类的通名或摹状词。“人”这个通名可用之于一定数目的对象：世界上有多少多少人。哲学家们觉得要断定一个数必须有一种统一性，这是对的，这种统一性就是通名的统一性，而通名正是数的真正主词。当只有一个对象或没有一个对象归于这个通名之下时，这一点也同样适用。“地球的卫星”是只能应用于一个对象即月亮的名词。但是“一”并不是月亮本身的性质，我们同样很可以把月亮看作许多的分子，“一”乃是“地球的卫星”这个通名的一种性质。同理，0是“金星的卫星”这个通名的一种性质，因为金星并没有卫星。这里我们才终于有了一个关于0这个数的可以理解的理论。如果数适用于物理对象，关于0的这种理论就是不可能的，因为显然任何物理对象都不可能具有0这个数。于是，我们在寻求数的定义上现在已经达到这个结果：数是通名或普遍摹状词的性质，而不是物理的东西或心理的现象的性质。

我们无需做任何重大的变化，就可将通名可用于其上的对象的类或集合（在上例中即是“人类”）代替像“人”这样的通名，作为可用数来断言的主词。两个通名，如“人”和“无羽毛的两足动物”，可应用于同一对象集合，显然具有同样数目的实例；因此数决定于类，而不决定于选择这个或那个通名来描述它，假如可以找到几个通名来描述同一个类的话。但是要描述一个类，总是需要用某个通名。即使我们把各个项如

“这个，那个和另一个”都枚举出来了，集合还是由这个或那个或另一个的普遍性质构成的，而且惟其如此才得到了使我们能够把它作为一个集合来谈论的那种统一性。在无穷类的情形中，枚举是不可能的，因而惟一可能的描述是用此类分子共同特有的一种普遍特征进行描述。由此可见，弗雷格从纯逻辑的研究而提出的数的理论也可用以表明，无穷类虽不可能枚举，却如何能受数的制约。

弗雷格接着又提出一个问题：两个集合何时具有同样数目的项？在日常生活中，我们是通过计数来判定这个问题的；但是我们已经看到，就无穷集合来说，计数是不可能的，而对于有穷集合，计数也不是逻辑上根本性的东西。因此，我们需要一种不同的方法回答我们的问题。举一个例子可能有助于说明这种方法。我不知道在英国有多少已婚的男人，但是我的确知道，已婚男人的数和已婚女人的数是相同的。我知道这一点的理由是夫妻关系把一个男人联系于一个女人，并把一个女人联系于一个男人。这种关系叫作一对一关系。父对子关系叫做一对多关系，因为一个人只能有一个父亲，但可有许多儿子；反之，子对父关系则叫做多对一关系。但是夫妻关系（在基督教国家）叫作一对一关系，因为一个男人不可能有一个以上的妻子，一个女人也不可能有一个以上的丈夫。凡是一个集合的所有的项和另一集合的所有的项各自之间有一对一关系，如英国丈夫和英国妻子的例子那样，那么这个集合中项的数目和那个集合中项的数目就是相同的；但是如果没有这样一种关系，那么两个集合中项的数目就是不同的。这就是对“两个集合何时具有同样数目的项”这个问题的回答。

现在我们终于可以回答“某个集合中项的数是什么意思?”这个问题了。当一个集合的所有的项和另一集合的所有的项各自之间有一种一对一的关系时，我们就说这两个集合是“相似的”。我们刚刚看到了，两个相似的集合具有同样数目的项。我们由此而把某个集合的数定义为所有与之相似的集合的类；这就是说，我们提出了下面这个形式的定义：

“某个类的项的数”被定义为意指“所有与该类相似的类的类”。

正如弗雷格指出的，这个定义（他是以略微不同的说法表述的）给出了数的常见的算术的性质。这个定义可同样应用于有穷数和无穷数，而且它无须承认一大堆什么新颖神秘的形而上学的存在物。它表明，用以给数下定义而又可用数加以断定的并不是物理的对象，而是类或通名；它适用于 0 和 1，却没有其他理论在讨论这两个特例时所遇到的任何困难。

上述这个定义乍一看一定会产生一种奇特的感觉，这种感觉很容易引起某种不满。例如，它把 2 这个数定义为所有对偶的类，把 3 这个数定义为所有三个一组的类。这似乎不是迄今我们说 2 和 3 时所意指的东西，虽然很难说我们以往究竟意指的是什么。对一种感觉的回答不可能是一种逻辑的论证，但无论如何在这种情况下回答是不无重要性的。首先，我们会看到，一个观念作为未经分析的整体已逐渐为人们所熟悉，当它最初被精确地分解为各个组成部分（这就是我们在定义它时所做的工作）时，总会有一种由这种分析引起的新奇的感觉，这种感觉则有使人们反对这个定义的倾向。其次，可以承认，这个定义也像一切定义一样，在一定程度上是任意的。拿2和3这样很小的有穷数来说，也许有可能作出同对我们所意指之物的未经分析的感觉更切合的定义；但是这样定义的方法会缺乏一致性，而且迟早（最迟不过在我们达到无穷数的时候）会被发现是不中用的。

第三，对于诸如数的定义这样的定义，真正需要的并不是它应该尽可能近似地表现那些不作分析（这是为了得到定义所必需的）的人们的观念，而是它应该提供给我们具有必不可少的属性的对象。事实上，数必须满足算术公式；任何能满足这个要求的明确的对象集合都可以称为数。迄今我们所知能满足这个要求的最简单的集合就是上述定义所提出的集合。至于这个定义适用的对象同那些提不出一个定义来的人们所考虑的关于数的含糊观念是否类似，则是一个极不重要的问题。所有重要的要求，上述定义都满足了，奇特之感在开头是不可避免的，随着逐渐熟悉，这种感觉很快就会消逝了。

不过，有某种逻辑学说可能被认为是对数即类的类这个定义的驳斥，我是指认为根本没有类这种对象的学说。人们也许以为，这个学说会摧毁把数还原为类的理论以及其他许多使用类的理论。然而，这是错误的：虽然这个学说认为类是虚构的，但是这丝毫无损于这些理论中的任何一个理论。这是一个什么学说，这个学说为什么不是破坏性的，我试来做一简略的解释。

由于碰到一些相当复杂的困难，而且这些困难达于极致竟成为确定的矛盾，使我得到一种看法：凡是对事物即殊相可以有意义地言说的东西，都不可能对事物的类有意义地（即有真假地）言说。这就是说，在提到一个事物的任何语句中，如果用类代替这个事物，这个语句就不再具有任何意义了：这个语句不再是或真或假的，而是一个无意义的语词集合。稍加反思就可以把它似乎是有意义的假象一扫而光了。例如，在“亚当喜欢苹果”这个句子中，你可代之以人类，而说“人类喜欢苹果”。但是你的意思显然不是说有一个叫做“人类”的爱吃苹果的个人，而是说组成人类的各个个人每人都喜欢苹果。

如果对一个事物可以有意义地言说的东西都不可能对事物的类做有意义的言说，那么就可推知，事物的类与事物不可能具有同类的实在性；因为二者如果具有同类的实在性，那么在一个述谓二者共具的那类实在性的命题中，就可以用类代换事物了。这种观点实际上是符合常识的。公元前3、4世纪，有一位中国哲学家名叫惠施，他说：“一匹栗色马加一头褐色牛等于三；因为分开来看它们是二，合起来看它们是一：二加一等于三。”[①] 我所引用的那位作者说，惠施“特别喜欢古希腊智者派或不健全的推理家们也非常喜欢的那种诡辩”，这无疑代表了常识对这类论证的看法。然而如果事物的集合也是事物，那么他的主张就是驳不倒的。只是因为栗色马和褐色牛合在一起并不成为一个新的事物，我们才能避免做出结论说，凡是有两个事物的地方，就有三个事物。

当我们承认了类不是事物的时候，又发生了一个问题，即我们在名义上对类所作的陈述究竟何所指呢？例如下面这个陈述：“对数理逻辑有兴趣的这类人不是很多的。”这个陈述显然可变为：“并非有很多人对数理逻辑有兴趣。”为了明确起见，我们试以某个特殊的数，比如三，代换“很多”。于是我们的陈述就成了：“并非有三个人对数理逻辑有兴趣。”这个陈述可以下面的形式来表述：“如果 X 对数理逻辑有兴趣，并且 Y 也有兴趣，并且 Z 也有兴趣，则 X 与 Y 相同，或 X 与 Z 相同，或 Y 与 Z 相同。”这里根本不再涉及“类”。所有名义上关于类的陈述都可以用这样的方法化为关于从假定任何事物具有类的确定性质而推得的东西的陈述。因此，为了使对类的字面使用成为合法的，我们只需要一种一致的方法，把包含类的使用的命题加以解释，从而得到其中不再使用类的命题。给这种方

① 贾尔斯：《中国文明》（家庭大学文库），第 147 页。（按：惠施的话见《庄子》杂篇“天下”篇，原文为：“黄马骊牛三。”对这句话，注家有不同的解释。贾尔斯的解释可备一说。——译注）

法下定义是一件技术性的事情，怀特海和我在别的地方曾作过探讨，此处无需赘述。[①]

如果我们承认类是纯粹符号的理论，那么由此就可推出，数也不是实在的存在物，在字面上包含有数的命题实际上并没有任何与数相应的成分，而只有一定的逻辑形式，这种逻辑形式不是具有这种形式的命题的一部分。事实上，逻辑和数学的一切表面的对象都是如此。诸如*或*，*不*，*如果*，*有*，*相等*，*大于*，*加*，*无一物*，*每一物*，*函数*之类的语词，都不是如“约翰”或“琼斯”这样的确定对象的名字，而是在一种语境上才具有意义的语词。所有这些语词都是*形式的*，就是说，它们的出现表示命题有某种形式，而不表示有某种成分。简而言之，“逻辑常项”不是存在物；表达逻辑常项的语词不是名字，除非我们讨论的是这些语词本身而不是它们的意义，否则把它们作为逻辑主词是没有意义的。[②] 这个事实对全部逻辑和哲学有极重要的影响，因为它表明逻辑和哲学跟专门科学是如何的不同。但是提出的这些问题是如此之大又如此之难，因此要在这里继续深究下去是不可能的。

---

① 参见《数学原理》，第 20 节及导论，第 3 章。

② 我在上面的这些议论利用了我的朋友路德维希·维特根斯坦未发表的著作。

第八讲 论原因概念及其在自由意志问题上的应用

在前面几讲中我们举例说明了哲学分析的性质，现在可以作一般的阐述了。我们从一系列普通知识出发，这种知识构成我们的材料。经过考察，我们发现这些材料是复杂的，相当含糊的，而且大多在逻辑上是相互依存的，通过分析我们把它们化归成尽可能简单明确的命题，并以演绎的链条把它们组织起来，其中有一定数目的初始命题成为所有其余命题的逻辑保证。这些初始命题就是这一系列普通知识的前提。因此前提与材料大不相同，它们更简单，更明确，更少带有逻辑上多余的东西。如果把分析的工作进行彻底，那么这些前提就会完全摆脱逻辑上的冗余，成为完全明确的，而且其简单性与其导致这一系列知识在逻辑上是相容不悖的。对这些前提的发现属于哲学；但是从这些前提推演出一套普通知识的工作则属于数学，如果给“数学”以略微宽泛的解释的话。

但是，除了对构成我们的材料的普通知识做逻辑分析之外，还要考察它的确定性程度。当我们已经达到它的前提时，我们就会看到，这些前提有些看来是可疑的，我们还会看到，依赖于这些可疑前提的那些原始材料也是可疑的。例如，在第三讲中，我们已经看到，物理学中依赖于证据从而也依赖于我们自己心灵之外的他人心灵之存在的那一部分似乎不像完全依赖于我们自己的感觉材料和逻辑规律的那一部分那样确实可靠。同样地，人们常常觉得，几何学中依赖于平行公理的那些部分不像独立于这个前提的那些部分那样确实可靠。一般而言，我们可以说，我们通常认为是知识的东西并不是同样确实可靠的，而且当我们已经分析到前提时，这些前提的任何结论的确实性程度都要取决于在证明这个结论时所用的最可疑的前提的确实性程度。因此，分析到诸前提不仅适用于逻辑的目的，而且也有助于评断这个或那个派生信念具有的确实性程度。鉴于人的一切信念都可能有误，这种分析的功用似乎至少是像哲学分析所提供的纯逻辑的功用一样重要的。

在本讲中，我要把分析方法运用于“原因”的概念，并把这种方法运用于自由意志问题来说明这个讨论。为此我将探讨：Ⅰ. 因果律的意义是什么；Ⅱ. 因果律迄今有效的证据是什么；Ⅲ. 因果律在将来仍会有效的证据是什么；Ⅳ. 科学上应用的因果性如何区别于常识和传统哲学上的因果性；Ⅴ. 对

“原因”概念的分析给自由意志问题提供了什么新的见解。

I. 所谓“因果律”，我是指任何这样的普遍命题，根据这种命题有可能从其他命题或其他许多命题推论出一个事物或事件的存在。如果你听到雷鸣而没有看见闪电，但根据“闪电先于雷声”这个普遍命题，你会推论说，尽管如此，还是有过闪电。当鲁宾孙·克鲁索看见一个脚印时，他推论有人，而且他可以根据下面这个普遍命题证明他的推论是正确的，即：“地上状如人足的一切印记都是有人在这些印记处站立过的结果。”当我们看见日落时，我们就期待明天它会重新升起。当我们听见一个人在说话，我们就推论他有某些思想。所有这些推论都是根据因果律的。

我们说，因果律使我们能够从一个或更多的其他事物或事件的存在推出某个事物（或事件）的存在。此处“事物”一词应理解为仅仅适用于殊相，即不包括数、类、抽象性质和关系之类的逻辑对象，但包括感觉材料以及凡属与感觉材料为同一类型的东西。[①] 就因果律可直接证实而言，被推出的事物和由之推出这个事物的事物必然都是材料，虽然它们并不需要在同时都是材料。事实上，被用以扩大我们对存在的知识的因果律必然适用于此刻并非材料的东西；因果律的实际效用就在于这

① 因此，我们在这里不是如第三讲中在一类相关的“样相”的意义上使用“事物”一词的。在陈述因果律时，每个“样相”都要单独予以考虑。

种应用的可能性。对于我们当前的目的来说，重要之点乃是：被推论出来的东西是一个“事物”，一个“殊相”，一个具有感官对象所有的那种实在性的对象，而不是如美德或 2 的平方根之类的抽象对象。

但是，我们除了通过一个殊相之实际被给予是不可能对它有所亲知的。因此，由因果律推知的殊相必然只能以或多或少的精确性加以描述；除非这个推论被证实了，否则它是不可能被命名的。再则，因为因果律是普遍的，可应用于许多事例，我们由之进行推论的这个殊相必然由于某种普遍的特征而不是由于它恰恰是这个殊相才容许这种推论。在前面所说的一切例子中这一点是明显的：我们从雷鸣推出未感知的闪电，不是根据雷的任何特性，而是根据它与其他雷鸣的类似。因此一种因果律必须说明，某一种类的一个事物（或许多指定种类的许多事物）的存在暗含着与之有关的另一事物的存在。只要前者属于该类事物，它就保持不变。

应当指出，因果律中恒定的东西不是对象或被给予的一些对象，也不是被推论的对象（这二者都可在广泛的范围内变化），而是被给予的东西与被推论的东西之间的关系。“相同的原因，相同的结果”这个原则有时被说成是因果性的原则，但是这个原则就其范围而言，较之科学上实际遇到的原则要窄得多；诚然，如果严格解释的话，它根本就没有范围，因为“相同的”原因绝不完全重现。在稍后的讨论中我们还将回到这一点上来。

被推论出来的殊相可能是由因果律单独决定的，也可能是仅仅以这样一些普遍词项来描述，使得许多不同的殊相都能满足这个描述。这取决于因果律所断定的恒定的关系是只有一个词项能够与材料具有的关系，还是许多词项可与材料具有的关系。如果许多词项都可能具有这种关系，那么除非找到某种更严格的规律，使我们能够独一无二地确定被推论出来的事物，否则是不会满足科学的条件的。

所有已知的事物都是在时间中的，因此，因果律必须考虑到时间关系。因果律的一部分就将是陈述被给予的东西与被推出的东西之间的接续或共存的关系。当我们听到雷声并推论有过闪电时，这个规律就是说明被推论出来的东西早于被给予的东西。反之，当我们看到闪电并期待将有雷鸣时，这个规律就是说明被给予的东西早于被推出的东西。当我们从一个人的话推知他的思想，这个规律就是说明这二者是（至少近乎是）同时的。

一种因果律要达到科学所追求的那种精确性，它一定不满足于一种含糊的早于或晚于，而必须说明早多少或晚多少。这就是说，被给予的东西与被推出的东西之间的时间关系应当是可以精确陈述的；我们所做的推论通常是按时间间隔的长短和方向而有所不同的。“一刻钟以前这个人还活着；一个钟头以后他就要变得冰冷了。”这样一个陈述包含两个因果律，一个是从一个材料推出一刻钟以前存在的某种东西，另一个是从这同一个材料推出一个钟头以后将存在的某种东西。

因果律往往不止涉及一个材料，而是涉及许多材料，这些材料不必都是彼此同时的，虽然它们的时间关系必须是被给定的。因果律的一般形式如下：

“一些事物凡以某种相互关系发生时（其中必包括它们的时间关系），与这些事物有固定关系的一个事物就将在与它们发生的日期有关的一个固定的日期发生。”

这些被给予的事物实际上不会是仅仅瞬间存在的事物，因为仅仅瞬间存在的事物（如果有这样的东西的话）决不可能是材料。被给予的事物每一个都会占据某一有限的时间。它们可能不是静态的事物，而是一些过程，特别是一些运动。我们在前一讲中讨论过运动在什么意义上可能是一种材料，此处无需重述。

被推出的对象是否晚于某些材料或一切材料，这对因果律是不重要的。它同样可能早于材料或与之同时。惟一重要的是：这个规律应当使我们能够根据材料把我们多少可以确切描述的一个对象的存在推论出来。

Ⅱ. 现在谈第二个问题，即：直到现在，至少在过去所知道的那部分时间中，因果律得以成立的证据的性质是什么？这个问题一定不要同另一个问题混淆起来，这另一个问题是：这个证据能否保证我们假定因果律在将来和过去未知的时间部分中也是真的？我现在只是问使我们相信因果律的根据是什么，而不是问这些根据是否足以证明我们对普遍因果性的信念。

第一步就是找出接续或共存的近似不可分析的齐一性。闪电之后有雷鸣，遭到一击之后有痛感，接近火炉感到暖和；另外还有共存的齐一性，例如，触觉和视觉、喉间的某些感觉与人们自己发声的音调等等之间共存的齐一性。每一种这样的接续或共存的齐一性，在被经验了一定次数之后，就会随之而产生一种期望，认为它在未来的时机将会重复出现，就是说，在看到相关事件中的一个事件的地方，也将看到另一个事件。被经验到的过去的齐一性和对未来的期待的这种联系只是我们迄今看到是真的那些接续齐一性的一种联系。这给可称之为对因果性的动物式的信念提供了一个心理学的解释，因为这种信念在马和狗那里也可以看到，它是一种行为的习惯，而不是一种真正的信念。至此我们不过是重复休谟的观点，他对原因问题的讨论达到了这一点，但是他显然不了解还有很多东西要说的。

事实上，是不是有这样的一种特征，可称之为因果性或齐一性，我们发现它对整个已知的过去都是有效的呢？如果有，那么我们又如何说明它呢？

我们在前面提到的各种齐一性，例如闪电之后有雷鸣，并非没有例外的情况。有时我们看见闪电并没有听到雷声；在这种情况下，我们尽管设想，如果我们距离闪电更近，就会听到雷声，但这是根据理论所做的一种设想，因此我们不能援引这种假设来证明理论。不过，科学经验似乎表明，在一种已知的齐一性失效的地方，我们可能发现某种能容纳更多的情况，把先前的齐一性之有效无效都包括其中的更广泛的齐一性。在空中没有东西加以支撑的物体，除非是气球或飞机，会落下来；但是，力学原理描述的是既适用于落体也适用于气球和飞机的齐一性。力学所断定的齐一性有许多假设的、或多或少人为的成分，因为不如是它们就不可能被加以应用，而未被观察到的物体都是为了说明已观察到的各种特性而推论出来的。但是，我们假定了这种物体就有可能保持这些规律，而在它们应当是可观察到的情况下则绝不假定这种物体，这是一个经验的事实。因此，我们可以承认对力学规律的经验证实，虽然我们也必须承认，这种证实并不像有时设想的那样完满和成功。

现在假定全部过去都是按照不变的规律进行的（必须承认这并不可信），那么对这些规律的性质我们又能说什么呢？它们不会是这样一种简单的形式，断言相同的原因永远产生相同的结果。我们可以引力定律作为似乎无例外地得到证明的那类规律的一个范例。为了以一种可由观察证实的形式来陈述这个定律，我们将把它限定在太阳系范围之内。因此这个定律陈述的是：行星及其卫星的运动在每一瞬间都有一个由趋向太阳系中一切其他物体的加速度合成的加速度，这个加速度与那些物体的质量成正比，而与它们的距离的平方成反比。根据这个定律，给定任一有限时间（不论多么短暂）内太阳系的状态，如果不考虑引力外的其他的力或太阳系之外的其他物体的话，那么这个状态在前后的一切时间上就都是确定的。但是，在科学可能发现的范围内，其他的力似乎是同样有规则的，而且同样可以单独的因果律加以概述。如果对物质的力学解释是完满的，那么我们就能够从足够数量的涉及一特定的有限时间（不论如何短暂）的材料中推论出宇宙的过去和未来的全部自然史。

在心理世界中，因果律的普遍性的证据较之在物理世界中更不充分。心理学不能自诩有可与引力天文学相媲美的任何成就。但是，心理学上的这种证据比物理世界中的证据也并不是少得很多很多。正如在物理的领域一样，在心理的领域我们也很容易发现科学所从之出发的那种粗略近似的因果律。在感官世界中，首先是视觉、触觉等等的相互关系以及使我们能把各种感觉与眼、耳、鼻、舌等等联系起来的事实，因此才有与我们的意志相应的身体的运动这样的事实。例外是有的，但是正如悬在空中的物体会落下来的规律也有例外一样，不难加以说明。事实上，在心理学上因果律的证据虽然达不到足以使持怀疑态度的研究者解除一切怀疑的程度，但是可以保证心理学家有充分根据假定其为理所当然的。应当指出，其中给定的词项是心理的而推出的词项是物理的那些因果律，或者反之给定的词项是物理的而推出的词项是心理的那些因果律，至少像所含两种词项都是心理的那些因果律一样容易发现。

大家会注意到，尽管我们已经谈到因果律，但是我们至此还没有提出“原因”这个词。现在正好对这个词的合法的和不合法的使用说几句话。在对世界的科学解释上，“原因”一词仅属于很久以前的时代，那时人们探知了一些小范围内的初步的近似的通则，以便尔后获得更大范围的更恒定不变的规律。只要我们还不了解砒霜毒死人这个结果产生的确切过程，我们就可以说：“砒霜是致死的原因。”但是在一种高度先进的科学中，对恒定规律的任何陈述都不会包含“原因”这个词。不过，对“原因”一词的笼统模糊的用法也许会保留下来。得到前科学应用的那些近似的齐一性结果可能除了极少的例外在一切情况下都是真的，或者说在一切实际发生的情况下都是真的。在这类情形中，若能把在先的事件称为“原因”，把在后的事件称为“结果”，就很方便。在这个意义上，只要我们知道这种接着发生的事件并非必然的而且可能有例外，就仍然可以使用“原因”和“结果”这两个词。在这个意义上，而且仅仅在这个意义上，当我们谈到某个事件是引起另一个事件的“原因”时才有意使用这些词，因为要避免令人难以容忍的冗长啰唆，有时我们必须这样做。

Ⅲ. 现在谈第三个问题，即：我们能提出什么理由相信因果律在将来以及在未观察过的过去也是有效的呢？

我们前面已经谈的是：迄今我们已有某些被观察过的因果

律，我们所有的全部经验证据与下面这个观点都不相抵触，即：无论心理的还是物理的事物，就我们的观察所及而言，都是按照因果律发生的。由这些事实所表明的普遍因果性规律可述之如下：

"在同时或不同时的不同事件之间有恒定不变的关系，因而给定了整个宇宙在任何有限时间（不论多么短暂）中的状态，每一先前的和以后的事件在理论上都可以作为这个时间内某些事件的函数加以规定。"

我们是否有任何理由相信这个普遍的规律呢？或者问得更谨慎一点：我们是否有任何理由相信某个因果律，例如引力定律，在将来也仍然有效呢？

在观察到齐一性之后，随之而来的是对其重现的期待。这也是一个已知的因果律。一匹马总被赶在某一条路上走，它就会期待着还被赶在那条路上走；一只狗总在某个时间被喂食，它就会期待着在那个时间而不是在别的时间进食。正如休谟指出的，这种期待只足以解释常识对前后相续的齐一性的信念，但是绝未给对未来的信念提供任何逻辑的根据，甚至也未给我们仍将期待继续有已被经验到的齐一性这种信念提供逻辑根据，因为这种期待也正是需要为之寻找一个根据的因果律之一。如果休谟对因果性的解释就是定论，那么我们不仅没有任何理由假定太阳明天会升起，而且也没有任何理由假定 5 分钟之后我们还会期待太阳明天升起。

当然，人们也许会说，关于未来的一切推论事实上都是不能成立的，而且我也不知道怎样可以反驳这种观点。但是，在承认这种观点为合法的同时，我们还是可以探讨一下：如果关于未来的推论是正当有效的，那么在作出这种推论时必然包含的原则是什么？

所包含的这个原则就是归纳的原则，这个原则如果是真的，它必然是一个不可能由经验所证明或否证的先天的逻辑规律。应当如何表述这个原则，是一个困难的问题；但是要用归纳的方法证明我们要做的推论是正确的，就必然导致如下的命题："如果在大量的事例中，某类的事物与另一类的事物有某种方式的联系，那么这一类的事物同另一类的事物就可能总是有类似的联系；随着事例数目的增多，这种联系的或然性就无限地接近于确实性。"人们很可能会问这个命题是不是真的；但是如果我们承认它是真的，我们就可以推论，全部已知的过去的任何特征很可能都适用于未来和未知的过去。因此这个命题如果是真的，它就能保证我们做这个推论，即因果律可能在过去和未来的一切时间中都是有效的；但是如果没有这个原则，那么关于因果律的真实性所观察到的事例就不可能给未观察过的事例提供任何推断，因而就永不可能正当有效地推论出未直接观察到的事物的存在。

因此对于非直接所予的事物的存在的一切推论，其根据是归纳原则而不是因果性规律。有了归纳的原则，这种推论所需要的一切都是可以证明的；没有归纳的原则，所有这样的推论都是不能成立的。这个原则一直没有得到按其重要性应当得到的注意。对演绎逻辑有兴趣的那些人自然忽视它，而注重归纳的应用范围的那些人则要主张一切逻辑都是经验的，因而不能期望他们会认识到，他们自己的那个宝贝儿——归纳本身需要一个逻辑的原则，这个原则显然不可能被归纳地证明，因此如果它是可以认识的，它必然是先天的。

我认为，任何了解因果律是一个非常复杂的原则的人，都不会主张它本身是先天的观点。就其陈述“每个事件都有一个原因”这种形式来看，因果律似乎很简单；但是一经考察，“原因”就没入“因果律”之中了，而“因果律”的定义则是远非简单的。从一个事物的存在推论出另一个事物的存在，必然有某种先天的原则包含其中，如果这个推论能够成立的话；但是从上面的分析来看，这个原则当是归纳，而非因果性。如果我们的讨论是正确的，那么从过去推论出未来是否正当有效就完全取决于归纳原则：如果归纳原则是真的，这种推论就是正当有效的，如果它是假的，这种推论就是不能成立的。

Ⅳ. 现在谈一谈上面所得到的因果律概念同哲学和常识上传统的原因概念的关系问题。

从历史上看，原因的概念一直是与人类意志的概念连在一起的。具有典型性的原因就是帝王的御旨。人们认为原因是“主动的”，结果是“被动的”。由此很容易设想，“真实的”原因必然包含对结果的某种预见；因此结果就变成原因所追求的“目的”，于是目的论在解释自然上就代替了因果性。但是所有这样的观念，用于物理学，都不过是拟人化的迷信。马赫及其他一些人之极力主张一种纯粹“描述的”物理观，正是要反对这些错误。他们说，物理学只是旨在告诉我们事物“如何”发生，而不是告诉我们事物“为何”发生。如果“为何”的问题不仅是指寻求现象据以发生的一种普遍规律，那么这个问题在物理学上肯定是无法回答的，也是不应该问的。就此而言，描述的观点无疑是正确的。但是物理学利用因果律来支持从已观察到的东西推出未观察到的东西的推论，它就不再是纯粹描述的了，而且正是这些规律成为传统的“原因”概念中有科学用途的部分。因此，在这个概念中有需要保存的某种东西，不过在传统形而上学通常假定的东西中这只是一个微乎其微的部分罢了。

要了解科学所应用的那类原因与我们自然想像的那类原因的区别，必须尽力排除把过去与未来区别开来的一切东西。这是一件异常难做的事情，因为我们的心理生活与差异有极密切的关系。不仅记忆和希望在我们对过去和未来的感觉上造成一种差异，而且我们的全部词汇几乎都充满了主动性的观念，充满了现在为获得未来结果而做的事物。一切及物动词都包含有作为主动性的原因的概念，要消除这个概念势必要以某种令人生厌的冗长的词语来替换它。

试看下面这个陈述："布鲁特斯杀死恺撒。"在别的场合，引起我们注意的可能是布鲁特斯和恺撒，但是此刻我们要仔细考虑的则是杀死。我们可以说，杀死一个人是有意使他死亡的原因。这就是说要某人死的欲望是某种行为的原因，因为我们相信这种行为将是某人致死的原因；或者更确切地说，这种欲望和信念合在一起成为这种行为的原因。布鲁特斯希望恺撒死，并且相信他如被刺就会死；因此布鲁特斯便刺杀恺撒，这个刺杀是恺撒之死的原因，正如布鲁特斯本来希望的那样。凡是实现一种目的的行为都有这样两个因果的步骤：C是被欲望的东西，而且人们相信（如果这个目的真正达到了的话）B将是C的原因；这种欲望和信念一起成为B的原因，而B又转而成为C的原因。于是我们首先有A，这是对C的欲望，也是对B（一种行为）为C的原因的信念；然后我们又有B，这是以A为原因的行为，我们并且相信这种行为是C的原因；再后，如果这个信念是正确的，我们就有以B为原因的C，如果这个信念是不正确的，我们就失望了。从纯粹科学的观点来看，A，B，C这个系列同样可以从相反的顺序来考察，例如验尸就是如此。但是从布鲁特斯的观点来看，使这整个的系列成为引人入胜的事件的乃在于最初的欲望。我们想，如果他的欲望是不同的，那么就不会发生他实际上已经造成的那种结果了。这是真实的而且给予他一种权力和自由感。同样真实的是，如果这些结果不曾发生，那么他的欲望就该是不同的，因为这些结果之发生就因为他的欲望本是如此。因此欲望是由结果决定的，正如结果是由欲望决定的一样；但是一般地说我们不可能事先知道我们欲望的结果而不知道我们的欲望，因此把这种形式的推论用之于我们自身的行为是没有意思的，但是用之于他人的行为则是极其重要的。

从科学上看，不能把原因与意志相类比，这种类比使我们以为结果是由原因迫成的。一个原因是一个事件或一组事件，具有某种已知的一般特征，并与其他某个事件即所谓结果有一种已知的关系；这种关系是这样一类的关系，即只有一个事件或无论如何只有一类确定的事件可与某个原因有关系。我们习惯只称在原因之后的事件为“结果”，但是作这样的限制是没有任何理由的。承认结果先于原因或与原因同时倒是更合适，因为具有任何科学重要性的东西都不取决于其在原因之后。

从原因到结果的推论要成为毋庸置疑的，原因似乎就不能不涉及整个世界。只要漏掉任何一个东西，就会漏掉能使预期的结果发生改变的某种东西。但是就实际的和科学的目的而言，现象是可以集合为组群的，这些组群在因果关系上是独立自足或近乎独立自足的。按照通常的因果性概念，原因是一个单独的事件，例如我们说闪电是雷鸣的原因，等等。但是我们很难了解所谓单独的事件究竟是什么意思；一般来说，为了对结果有任何近似确实的认识，似乎就必须把较之非科学的常识所设想者更多的情况包括在原因之内。但是一个具有极简单原因的或然的因果联系较之具有复杂而难以确定的原因的更明确无疑的因果联系倒是更有实际的重要意义。

总之，哲学家所说的严格、确定、普遍的因果律乃是一个理想的、可能是真的规律，但是我们并不能根据任何有效的证据知道它是真的。作为一个经验科学的事实来说，我们实际知道的只是：我们观察到一组事件的各个分子之间在一定的时间中有一定的恒定的关系，而当这种关系没有出现时（有些时候有这种情况），我们通常能够通过扩大这组事件来发现一种新的更恒定的关系。特定种类的诸事件与它们之间的一定时间间隔的这样一种恒定的关系就是“因果律”。但是一切因果律都可能有例外，如果原因并未囊括世界的全部状态的话；根据大量的经验，我们相信，可以通过扩大我们称之为原因的这组事件来处理这种例外，但是这种信念凡在尚未证实之处都不应看做是确实可靠的信念，而只能看做是对进一步探讨方向的提示。

极常见的一组因果关系是意志和相随的身体动作，不过（例如）突然中风也可以使这种关系发生例外。另一种极常见的因果联系（这里的例外更多得多）是身体动作与实现导致这种动作的目的之间的关系。这些联系都是显而易见的，而欲望的原因则比较暗昧难解。因此人们很自然地要把欲望作为因果系列的开端，认为一切原因都类似于欲望，而欲望本身则是自动发生的。不过，任何严肃的心理学家都不会主张这样一种观点。这就把我们引到如何把原因概念的分析应用于自由意志问题的争论上去了。

V. 自由意志问题与因果性的分析有极密切的联系，它虽然是一个古老的问题，但是我们也不必失却希望，觉得不可能借助关于原因概念的新观点给这个问题以新的启示。自由意志问题曾经不时地深深激励过人们的情感，而且对意志也许并非自由的担心则成为某些人大为愁苦的根源。我相信，通过冷静的分析，就可以看到，有关意志自由的各种疑难问题，并不像人们有时设想的那样具有如此之大的情感的重要性，因为人们以为由否定自由意志而来的那些不愉快的结果并不是来自我们有理由对它加以否定的任何形式上所作的那种否定。不过，我之所以想要讨论这个问题主要不是由于这个缘故，而是因为它提供了一个很好的例子，可用以说明分析的澄清作用和不做分析可能带来的没完没了的争论。

首先我们试来找出当我们要求自由意志时我们实际要求的究竟是什么。我们要求自由意志的理由，有些是深刻的，有些是微不足道的。先说前者：我们虽不愿意觉得自己是掌握在命运的手中，但结果不论我们多么想欲求一个事物，却可能被一种外力所追而欲求另一事物。我们不愿意想，不论我们多么希望干得好，传统和周围环境却可能迫使我们干得很糟。我们愿意感到，在发生怀疑的时候，我们的选择是重要的，而且我们有能力作出选择。但是，除了这些完全值得尊重的愿望之外，我们还有其他一些并不如此可敬的愿望，这些愿望同样使我们要求自由意志。我们不乐意想，别人如果非常了解我们，就能预见我们的行为，虽然我们知道，我们常常能够预见别人的尤其是年长者的行为。例如，有一位老绅士是我们在乡下的邻居，我们虽很尊敬他，但是我们知道，一提到松鸡，他就会讲他家藏枪室里的那只松鸡的故事。但是我们自己并不这么刻板，我们从不把一桩奇闻轶事对同一个人讲两遍，如果不能肯定他乐意听，甚至连一遍也不对他讲；比如说，尽管我们曾见过俾斯麦一次，但是我们完全可能听别人提到他而不讲自己和他相遇的事。在这个意义上，每个人都认为自己有自由意志，虽然他知道别人都没有自由意志。对这种自由意志的要求似乎不过是一种虚荣心。我不相信，这种要求能确实得到满足；但是我认为，那另一种较值得尊重的要求与任何形式站得住脚的决定论却并不矛盾。

于是我们有两个问题要考虑：(1) 从理论上说，根据足够多的前提条件，是否可以预见人的行为？(2) 人的行为是否受外部迫使的支配？我在下面就要指出，这两个问题是完全不同的，对第一个问题我们可作肯定的回答，但是并不因此也必须给第二个问题以肯定的回答。

(1) *从理论上说，根据足够多的前提条件，是否可以预见人的行为？*我们首先尽力把这个问题精确地表述出来。我们可以这样陈述这个问题：在一个行为与一定数量的先前事件之间是否有某种恒定的关系，致使有了先前的这些事件，就只有这一个行为或最多只有带有明显特性的那些行为才同这些先前事件有这种关系？如果有这样的恒定关系，那么只要知道了这些先前的事件，从理论上说，就有可能预见恰恰是这个行为，或者至少可以预见这个行为能满足这种恒定关系所必需的特性。

对这个问题，柏格森曾给以否定的回答，他的回答使因果律普遍应用的可能性都成了问题。他主张，每个事件，尤其是每个心理事件，都包含着很多的过去，以致不可能发生在任何更早的时间，因此必然与所有以前和以后的事件大不相同。例如，如果我把一首诗读过好多遍，那么我每次的感受都受到前几次诵读的限制，而我的情绪则永不能全然重复。照他看来，因果性原则就是断言：同一原因如果重现，就会产生同一结果。但是他坚持说，由于人有记忆，这个原则不适用于心理事件。显然，同一原因如果重现，则仅仅重现这个事实就给了它限制，使它不可能产生同一结果。他推论说，每个心理事件都是一件真正的新鲜事，是不可能从过去预见到的，因为过去并不包含与这个心理事件完全相似的东西，借助这种相似物我们才可能想像它。根据这个理由，柏格森认为意志自由说是颠扑不破之论。

柏格森的论点无疑地含有很多的真理，我不想否认它的重要性。但是我认为他的主张的结果远非像他所自信的那样。决定论者并不必须主张自己能预见将要实施的行为的全部详情细节。如果他能预见A要杀B，他的预见不会因为他不可能知道A犯谋杀罪的无限复杂的全部心理状态或不知道A是要用刀还是用左轮手枪进行谋杀而失效。如果将要实施的这类行为能在小范围内被预见到，那么有一些不能预见的细微隐秘之处就没有什么实际的重要意义了。关于藏枪室里的松鸡的故事每次被讲述的时候，由于人们愈来愈习惯了，会讲得略有区别，但是这种区别不会使人们对这个故事必将又被讲述的预见失效。柏格森的论证中没有任何东西能表明，我们绝不可能预见有一类什么行为将被实施。

此外，柏格森对因果律的陈述也是不恰当的。因果律不只是说：如果同一原因重复出现，就会产生同一结果，而是说：在一定种类的原因与一定种类的结果之间有一恒定的关系。例如，若有一物体自由下落，则此物体由之下落的高度与其下落所需的时间之间有一恒定的关系。为了能够预报一个物体下落所需时间的长度，并不需要这个物体也从上面已观察过的同一高度下落。如果必须如此，那么就不可能有任何预见了，因为要在两个不同的场合使高度完全相同，是不可能的。同样地，太阳对地球的引力也不仅是在我们所观察的距离上可以测知，而且可以在一切距离上测知，因为我们知道太阳对地球的引力是与二者距离的平方成反比的。事实上，被发现重复出现的永远是原因和结果的关系，而不是原因本身；对于原因所需要的只是：它和我们已知其结果的那些原因应属同一种类（在有关的方面)。

柏格森对因果性的陈述还有一点也是不恰当的，即他假定原因必是一个事件，其实它可以是两个或更多的事件，甚至可以是某种连续的过程。这里争论的实质性的问题是：心理事件是否是由过去决定的。例如在重复诵读一首诗的情形中，我们在诵读这首诗时的感情显然特别有赖于过去，但并不取决于过去的一个单独的事件。我们以往对这首诗的诵读全都包括在引起这种感情的原因之内。但是我们很容易发觉这里有某种规律，按照这种规律，随着以往诵读次数的增加而有不同的结果，事实上柏格森自己也暗暗地假定了这样一个规律。我们终于决定不再读这首诗，因为我们知道，这次诵读的结果必是觉得无趣的。我们也许并不知道自己会觉得无趣的一切细微末节，但是我们完全知道如何作出自己的决断，而且重读必觉无趣的预知既然大致如此就仍然是对的。因此柏格森所依据的那些种类的事例不足以证明预见仅就其具有实际的或情感的重要性而言也是不可能的。因此我们可以不再研究他的论证，而直接讨论这个问题。

根据因果律，从理论上说，我们可以通过先前的事件预知后来的事件，人们常常认为这种因果律是先天的，是思想的一种必然性，是科学所不可或缺的一个范畴，没有它就不可能有科学。在我看来这些要求太过分了。在某些方面，因果律曾为经验所证实，在其他一些方面，也无确实的证据否定它。科学可以在已发现其为真的地方应用因果律，但是并不必须假定它在其他领域内也是真的。因此我们不可能觉得因果性必可应用于人的意志这一点具有任何先天的确实性。

人的意志究竟在多大程度上受因果律支配的问题是一个纯粹经验的问题。从经验上来看，我们的意志显然大都是有原因的，但是我们不能因而断定人的一切意志都必然是有原因的。然而，正如我们有理由认为物理事件可能都有原因一样，我们也有同样的理由认为，一切意志可能都是有原因的。

我们可以假设（虽然这是疑而难定的），有一些关于心理的东西和物理的东西的相互关系的规律，根据这些规律，已知世界的一切物质状态，包括一切大脑和生命有机体的一切状态，就可推出世界上一切心灵的状态，反过来说，如果已知一切心灵的状态，就可推出世界的一切物质状态。大脑与心之间显然有某种程度的相互关系，但是要断言这种关系可能达到何等完全的程度，则是不可能的。不过，这不是我要探明的要点。我要强调的是，即使我们承认了最极端的决定论和心脑相互关系说的主张，也得不出不利于自由意志说中值得保留的东西的结论。我认为，相信会得出这种结论的想法完全是由于把原因比之于意志，认为原因之迫成结果有点类似于一个权威可迫使人去做他本不愿做的事情。一旦认识了科学因果律的真正性质，就可看到这一种类比是一个彻头彻尾的错误。不过这就把我们带到了关于自由意志的第二个问题，即若接受决定论，是否可以认为我们的行为真正是受外力迫使的。

(2) 人的行为是否受外部迫使的支配？在深思熟虑时，我们有一种主观的自由感，有时人们就以此为理由反对意志是有原因的观点。然而，这种自由感只是觉得我们能在许多可采取的办法中选择我们所喜欢的一个，它并不表明在我们所乐于选择的东西与我们以往的历史之间没有任何因果联系。人们以为这二者是不相容的，就是由于把原因看做类似于意志的那种习惯，那些企图以更科学的态度思考原因的人们也常常不自觉地保留了这种习惯。如果原因类乎意志，那么外因就类乎一种异己的意志，而根据外因可预见的行为就是受外力强迫支配的。但是对原因的这种观点是科学所不赞成的。我们已经看到，原因并不迫成结果，正如结果并不迫成原因。因果之间有一种相互关系，因而彼此可以互相推论出来。当地质学家从地球的现状推论其过去的状态时，我们不能说是地球现在的状态迫使其过去的状态成为过去的那个样子；正如结果是由于其原因而成为必然的结果一样，仅仅在这样的意义上，我们可以说地球现在的状态使其过去的状态成为这些地质学资料的必然结论。这里我们所感到的因果差别纯粹是一种混淆，这种混淆是由于我们虽记得过去的事件却偏巧没有对未来的记忆而造成的。

某些主张自由意志论者以未来显然无确定性为依据，这不过是我们无知的结果。很明显，任何一种理想的自由意志都不可能纯粹以无知为凭借；因为若果如此，则动物当比人更自由，野蛮人当比文明人更自由。任何有价值的自由意志必然是与最完满的知识兼容并存的。即使完全不假定有因果律，完满的知识也会包括过去和未来。我们对过去的知识并非完全根据因果推论，而是部分地来自记忆。我们没有对未来的记忆纯粹是偶然的事情。正如我们可以看到过去的事件一样；我们也可以直接看到未来的事件，就如预言家所谓的幻视那样。未来的事件必将是其所将是，在这个意义上它们正如过去的事件一样是确定了的。如果我们能像直接看到过去事件那样看到未来事件，那么还可能有一种什么自由意志呢？如果有，这种自由意志必是与决定论毫无阻碍的，它甚至和因果性无所不包的支配权也没有任何冲突。这种自由意志必然包含了自由意志中任何有价值的东西，因为我们不可能相信纯粹的无知会成为任何美好事物的必要条件。因此我们试设想有一群能绝对确知整个未来的人，那么我们就要问这一群人能否具有我们所谓的自由意志？

我们所想象的这种人无需等待事件发生就知道在未来的某个时刻将采取什么决定。他们现在就会知道他们的意志将是什么。但是他是否有任何理由会懊悔具有这种知识呢？当然不会，除非这些被预见的意志本身就是令人遗憾的。如果使他们能预见其未来意志的那些办法也能预见到的话，那么这些被预见到的意志就不大可能是令人遗憾的。我们很难不设想被预见的东西是命运注定的，而且无论如何可怕也是必然要发生的。

但是人的行为是欲望的结果，任何预见如果不考虑到欲望就不可能是真的。一个被预见到的意志必不会因为被预见到而成为可憎的意志。我们所想象的那些人很容易就会知道这些意志的因果联系，因此他们会比我们更好地预测其意志以满足自己的欲望。既然意志是欲望的结果，就不可能真有一种同欲望相反的对意志的预见。必须记住，这种假定的预见并不创造未来，正如记忆并不创造过去一样。我不认为自己在过去必然是不自由的，这只是因为我们现在能够记得自己过去的意志。同样地，即使我们现在能看到我们的未来意志将是什么样子，我们在未来，也可以是自由的。简言之，任何有价值的自由仅仅要求我们的意志正如它们现在那样将是我们自己的欲望的结果，而不是外力的结果，这种外力能迫使我们去欲求宁非己之所欲的东西。除此之外一切都是思想的混淆，其所以有这种混淆则是因为我们觉得知识迫使其所知的东西在未来发生，虽然知识对于过去显然并没有这样的力量。因此，只有在这个重要的形式上自由意志才是真的；对其他形式的自由意志的要求不过是缺乏充分分析的一种结果。

我们在前面几讲中关于哲学方法所说的东西都是以具体事例而不是以一般规则来说明的。除了通过例证，对方法不可能谈出任何有价值的东西；但是现在到了讲课的末尾，我们可以集中讲几条普遍的原则，这可能有助于获得一种哲学的思想习惯和寻求哲学问题之解决的向导。

哲学并不因为利用其他科学（如斯宾塞的那种做法）就变成科学的哲学。哲学旨在探求普遍的东西，各门科学尽管可以提出广泛的综括，但并不能使其具有确实性。一种匆促草率的综括，例如斯宾塞的进化论的综括，并不因为被综括的东西是最近的科学理论，就不是轻率的了。哲学是其他各门科学之外的一门学问，哲学的结论不可能由其他各门科学来确定，反过来说，也不能设想别的科学会与哲学的结论相抵触。例如，预言世界的未来就不是哲学的任务；世界是前进的，倒退的，还是静止不变的，这不是哲学家所要说的。

要成为一个科学的哲学家，需要有一定的特殊的心理训练。首先，必须要有认识哲学真理的欲求，而且这种欲求必须十分强烈，即使在似乎没有希望得到满足的岁月中仍持存不殆。要认识哲学真理的欲求是极其少见的，至于对哲学真理的纯正的追求甚至在哲学家中间也是不常见的。有些时候，尤其是在长期无结果的探求之后，对哲学真理的这种欲求则被要认为自己知道哲学真理的欲望所掩盖了。某种貌似有理的意见出现了，我们若不注意对这种意见的反驳，或者只是不下大力去找出对它的驳斥，我们是可以相信这种意见而感到适意的。虽然，如果我们反对追求适意的愿望，我们终于会看到这种意见是谬误的。其次，在职业哲学家那里，对纯粹真理的欲望还常常为对体系的爱好所阻蔽了：即使一个小小的事实如不能塞进哲学家的体系之内，也必遭排斥和歪曲，直至它似乎与体系相一致了为止。然而，这一小小的事实，对将来比对与它之不相一致的体系更为重要。毕达哥拉斯创造了一个体系，除了正方形的对角线和边不可通约外，这个体系同他所知道的一切事实都是极其吻合的；不可通约性这个小小的事实挺然而立，即使在梅塔篷（Metapontion）的希帕索斯由于泄露了这个事实而淹死之后，它依然是一个事实。[①] 在我们看来，这个事实的发现是毕达哥拉斯堪称不朽的主要功绩，而他的体系则已变成只能引起人们历史兴趣的古董了。[②] 因此，对体系的爱好以及与之相随的体系创造者的虚夸自负是研究哲学的人必须谨防的陷阱。

要建立这样那样的结论的欲望，或者一般地说要为无论何种适意的结论寻找证据的欲望，当然一直是真正的哲学研究的主要障碍。人们为一些不知其究竟的情感所左右，变得如此乖戾反常，以致普遍认为预定要得到什么结论的决心就是美德的标志，而经过研究得出相反结论的人则被视为顽劣无德之徒。毫无疑问，希望得到一个适意的结果较之希望得到真理更为常

① 毕达哥拉斯学派发现了正方形的对角线和边的不可通约性，认为是一种神秘而不可解的性质，对该派之外的人一律秘而不宣，学派中有泄密者要受到惩罚。——译注

② 对若干争论点的每一个都有某些可能成立的看法。为了说明起见，上述评论采用了其中的一种看法。

见。但是只有以求得真理为至上要求的人才可望通过研究哲学而致用于良好的目的。

但是即使在求知的欲望以必要的力量存在之际，借以认识抽象真理的那种智慧的洞见也很难区别于生动的想像，很难不混同于心理的习惯。要解除心理习惯的束缚，我们必须如笛卡儿那样实行方法的怀疑；必须培养逻辑的想像力，以便掌握若干可自由支配的假设，而不致变成依靠常识即容易想像的那种假设的奴隶。怀疑熟悉的事物和想象不熟悉的事物，这两个过程是相互关联的，构成了哲学家所必需的精神训练的主要部分。

我们在开始进行哲学反思时所发现的那些素朴的信念，最后差不多全都可以得到真正的解释；但是在允许它们被纳入哲学之前，却必须使所有这些信念经受怀疑论批判的严峻考验。除非经过了这种考验，否则它们就不过是一些盲目的习惯，一些行为的方法，而不是理智的确信。虽然大多数的信念可能通过这种检验，但是我们深信，有些信念是通不过的，结果我们的看法必须作重大的重新调整。为了打破习惯的统治，我们必须对感觉、理性、道德都加以怀疑，简言之，必须怀疑一切。我们会发现，在某些方面，怀疑是可能的；在其他一些方面，则会受阻于对抽象真理的直接洞见，哲学知识的可能性就依赖于这种直接的洞见。

同时，我们还必须获得对抽象假设的丰富想像力，作为对真理的直觉的重要辅助。我认为，这种丰富的想像力正是迄今哲学大多缺乏的。由于逻辑工具极其贫乏，因此以往哲学家们所能想象的一切假设都被发现是与事实不一致的。这种状况常常使人们采取诸如彻底否定事实之类的冒险的做法，而具有比较充实的逻辑工具的想象力则会找到一把打开秘密的钥匙。正因为如此，对逻辑的研究成了哲学研究的中心。逻辑为哲学提供研究方法，正如数学为物理学提供方法一样。从柏拉图到文艺复兴，物理学曾经如哲学一样是没有进展，混沌不清，而且带有迷信的，通过伽利略对事实的重新观察和之后的数学处理，物理学已变成一门科学，哲学则到今日才通过新事实和逻辑方法的同时获得而正在变成科学的哲学。

然而，尽管哲学有进展的新的可能性，其第一个结果，正如物理学的情形一样，却是大大减小了被认为已知的事物的范围。在伽利略以前，人们相信自己对物理学上一切最有趣的问题都具有充分的知识。伽利略确立了一些事实，例如物体下落的路线，这些事实本身并非饶有兴味，但是作为真实知识和新方法（伽利略本人已经预见到这种新方法在将来是富有成果的）的例子却有极大的趣味。但是伽利略发现的很少的几个事实足以摧毁从亚里士多德传下来的整个庞大的所谓知识体系，正如甚至晨光熹微的朝阳也足以扫尽群星。哲学上也是这样：虽然有些人相信这个体系，另一些人相信别个体系，但是他们几乎全都认为自己已经认识了很多很多东西；但是我们必须扫清传统哲学体系中所有这种假定的知识，创造一个新的开端，这个新开端如果能得到可与伽利略落体定律相比的结果，我们就会认为确实很幸运了。

实践方法论的怀疑（如果这种怀疑是真正而持久的），在知识上会带来一种谦恭的态度，我们将乐于知道哲学上的任何事物，不论这个事物表面看来多么微不足道。哲学以往就是缺乏这种谦虚而吃了亏。它犯的错误就是要把有趣的问题一举而解决之，而不是耐心地、慢慢地进行，把凡是可得到的确实可靠的知识积累起来，而把一些大问题交给未来。科学家并不因为他所研究的是实在微末之物而感到羞耻，如果其研究的结果可能是重要的话；一个实验的直接结果，就其本身而言，是并无多少趣味的。在哲学上也是这样，常常很值得花费时间和精力去研究一些孤立来看也许是微不足道的事物，因为常常只有通过对这样一些事物的考察，才有可能探讨更重大的问题。

如果我们已经把问题挑选出来，而且获得了必要的心理训练，那么我们要采用的方法就是相当一致的。经过考察，我们发现引起哲学探讨的大问题都是复杂的，依赖于许多子问题，这些问题往往比以它们为组成部分的那些问题更抽象。一般都能看到，我们的一切原始材料，我们似乎最初知道的事实，都不免带有含糊、混淆和复杂性。现代流行的哲学观念都有这些缺点；因此必须创造一种精确的概念工具，这些概念要尽可能的普遍而不复杂，有了这种概念工具之后，我们才能把原始材料分析为哲学所力图发现的那类前提。在这个分析过程中，我们把困难的根源愈来愈向前追溯，在每一步上都变得更抽象，更微妙，更难以把握。我们时常会看到，在任何一个明显的大问题背后都有许多这种异常抽象的问题。当我们把可用方法去做的一切都已做过了，我们就达到了只有直接的哲学洞见能使问题继续进展的地步。在这里只有天才的用武之地。通常需要的是逻辑想象力的一种新尝试，对先前从未设想过的可能性的一丝灵感，以及对这种可能性之在某种情形下实现的一种直觉。如果不能思考适当的可能性，就会留下无法解决的难题，是非两可踌躇莫定的论证，极度的困惑与失望。但是，一般说来，适当的可能性一旦被设想到，很快就会以其对表面冲突的事实的惊人同化力为自身辩护。由此向前，哲学的工作是综合的，相对说来是容易的；真正的困难是在分析的最后阶段。

关于哲学进步的前景，现在就满有把握地做出断言，还为时过早。许多传统的哲学问题，那些不仅使专门的研究者而且使更广大的群众感兴趣的问题，看来也许大多还不能用科学的方法予以解决。正如天文学已不再是占星术时曾失掉了很多与人类相关的兴趣一样，哲学在愈来愈少做出断定时也必会失掉吸引力。但是，对于广大的而且仍在增多的科学家们（他们迄今一直以某种轻蔑的态度鄙弃哲学，是不无理由的）来说，在解决诸如数、无限性、连续性和时空等古老问题上已取得成功的新方法当会具有一种吸引力，这种吸引力是旧的方法所决然不能有的。物理学及其相对论原理和对物质本质的革命性研究也正感到在基本假设上需要有科学的哲学所力图促进的那种创新。我认为，要保证哲学在不久的将来能取得超过以往哲学家所作的一切的成就，惟一的条件就是创立一个由具有科学素养和哲学兴趣的人们组成的学派，这个学派不为过去的传统所束缚，也不为那些一切照搬古人（只有古人的功绩是他们无法抄袭的）的治学方法所误引。

图书在版编目(CIP)数据

我们关于外间世界的知识/(英)伯特兰·罗素(Bertrand Russell)著；陈启伟译. —上海：上海译文出版社，2018.8（2023.8重印）
(罗素文集)
书名原文：Our knowledge of the external world
ISBN 978-7-5327-7886-7

Ⅰ.①我… Ⅱ.①伯…②陈… Ⅲ.①罗素(Russell, Bertrand 1872-1970)—哲学思想 Ⅳ.①B561.54

中国版本图书馆CIP数据核字(2018)第136877号

图字：09-2006-072号

我们关于外间世界的知识
[英]伯特兰·罗素 著 陈启伟 译
责任编辑/钟 瑾 装帧设计/半和创意

上海译文出版社有限公司出版、发行
网址：www.yiwen.com.cn
201101 上海市闵行区号景路159弄B座
山东韵杰文化科技有限公司印刷

开本 787×1092 1/32 印张 7.5 插页 5 字数 127,000
2018年8月第1版 2023年8月第2次印刷
印数：5,001—6,000册

ISBN 978-7-5327-7886-7/B·454
定价：49.00元